跟着课本去游学

焦玫·编著

U0314476

化学工业出版社

·北京·

图书在版编目（CIP）数据

跟着课本去游学 / 焦玫编著 . —北京：化学工业
出版社，2024.6
ISBN 978-7-122-45416-4

Ⅰ.①跟… Ⅱ.①焦… Ⅲ.①小学语文课 – 教学参考
资料 Ⅳ.①G624.203

中国国家版本馆 CIP 数据核字（2024）第 072539 号

责任编辑：龚　娟　　　　　　　装帧设计：韩　飞
责任校对：张茜越

出版发行：化学工业出版社（北京市东城区青年湖南街 13 号　邮政编码 100011）
印　　装：盛大（天津）印刷有限公司
710mm×1000mm　1/16　印张 11¾　字数 176 千字　2024 年 9 月北京第 1 版第 1 次印刷

购书咨询：010-64518888　　　　　售后服务：010-64518899
网　　址：http://www.cip.com.cn
凡购买本书，如有缺损质量问题，本社销售中心负责调换。

定　　价：68.00 元　　　　　　　　　　　　版权所有　违者必究

前言

跟着课本去游学，才叫"大语文"

一边旅行一边学习的游学活动，近些年得到了青少年和父母们的认可与欢迎。

通过游学，可以培养孩子们自主探索、独立思考、自我学习与总结的能力。在孩子们未来的学习和成长中，这能产生至关重要的影响。也许，正是当年达尔文到世界各地去游学，才提出并阐述了引起世界轰动的"进化论"。

游学有如此多好处，那么我们从哪里开始游学才好呢？这里有一个既能让孩子感兴趣，又有利于孩子提高学习能力的好方法——跟着语文课本去游学。

无论在哪个年级，孩子们都能在语文课本中读到一些有趣的文章，比如二年级课本中的《难忘的泼水节》、三年级课本中的《富饶的西沙群岛》、六年级课本中的《故宫博物院》等。学过这些课文后，很多孩子都会被课文中所描述的自然风景、人文历史或传统民俗深深吸引，并激发出他们深入探索的兴趣。

比如在四年级学完《七月的天山》后，孩子们可能不仅仅被课文中所描绘的迷人景色吸引，还想去天山了解当地的动植物，这就是一个非常好的自然科考的游学方向。那么如果去新疆，除了到天山游学，还能去哪些地方呢？是不是还可以到吐鲁番了解一下葡萄干是如何制成的？顺道探访一下被誉为"地下长城"的坎儿井，探究一下它那独特的建筑构造，再对当地丰富多样的少数民族文化做个调研？

语文课本里精选的文章开了个好头，给孩子们提供了外出游学的地理方向，而这本书则给孩子们列举出了具体的游学主题，让他们的游学之路更有目标，更加具体。

本书结合人教版小学语文课本中的8篇课文，列出8大游学板块，包含32个游学方向，涵盖超过100个知识点，涉及地理、人文、历史、科学和艺术等多学科的内容，可谓是真正意义上的"大语文"。

本书既可以作为外出旅行的参考读物，也可以作为课外阅读书籍，对孩子们多学科知识的积累和写作能力的提高都有极大的帮助。

俗话说，读万卷书，行万里路。希望每个孩子都能够在这本书的启发下，开启丰富多彩的游学之旅，充分感受到中国地理和文化的博大精深。

目录

黄山最为著名的
景观——天都峰

《爬天都峰》
从黄山科考到古徽州的游学之旅

　　《爬天都峰》是人教版小学语文四年级上册的一篇课文，作者是黄亦波。文章描写了在假日中，"我"和爸爸去爬天都峰，路遇一位素不相识的老爷爷，"我们"互相鼓励，克服山高路陡的困难，终于一起爬上了天都峰的故事。

　　《爬天都峰》这篇课文告诉我们：在困难面前，要有战胜困难的勇气和信心；在与人相处的过程中，要懂得互相帮助、相互鼓励、共同进步。这篇文章的语言极为生动，耐人寻味。

　　天都峰位于安徽黄山东南方，是黄山 36 大峰之一，海拔 1800 多米。其形类似于金字塔，奇险陡峻，古称"群仙所都"，故名天都峰。

　　如果你有机会到安徽，在感受了黄山天都峰的雄伟壮观景象之后，还有哪些值得游学的地方呢？

游学方向 1

雄伟的黄山有哪些奇妙之处？

明代地理学家、旅行家徐霞客，他曾两次登临黄山，并赞叹道："薄海内外无如徽之黄山，登黄山天下无山，观止矣！"后来，人们把他的话概括成"五岳归来不看山，黄山归来不看岳"，足可见黄山风景之壮美。

世界地质公园
——黄山
↑

连一连：你知道上面提到的"五岳"是哪五座名山吗？

东岳	恒山
南岳	嵩山
西岳	衡山
北岳	华山
中岳	泰山

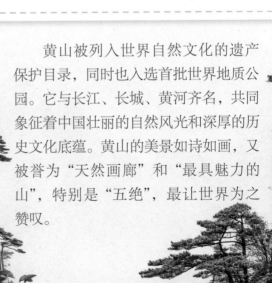

黄山被列入世界自然文化的遗产保护目录，同时也入选首批世界地质公园。它与长江、长城、黄河齐名，共同象征着中国壮丽的自然风光和深厚的历史文化底蕴。黄山的美景如诗如画，又被誉为"天然画廊"和"最具魅力的山"，特别是"五绝"，最让世界为之赞叹。

选一选：黄山的"五绝"是哪五绝？请在你认为对的答案下面画"√"。

奇松	瀑布	山泉	怪石	奇鸟
（ ）	（ ）	（ ）	（ ）	（ ）

古道	温泉	云海	云杉	冬雪
（ ）	（ ）	（ ）	（ ）	（ ）

　　黄山不只风景优美，它里面还藏着很多有趣的生物和奇特的岩石。在登山的过程中，你还可以像小侦探一样去发现各种植物、昆虫和鸟儿的秘密。喜欢探险的小伙伴，记得带上纸笔、望远镜和放大镜哦，这样你可以更细致地记录和观察黄山的神奇之处！

　　首先，黄山可真是个天然的地质博物馆！它的地质历史可以追溯到数亿年前。它有像丛林一样的山峰、古老的冰川遗迹，还有很酷的花岗岩石和千奇百怪的洞穴，更别提那些清泉和山间瀑布了。

　　从地貌特征来看，黄山的特点是，前山岩体节理稀疏，形成了许多球状风化的景观，而后山节理稠密，柱状风化偏多，形成了险峻的山势，所以带给人们"前山雄伟，后山秀丽"的感觉。

黄山的岩体颇为险峻

其次，黄山除了独特的地质景观，这里的多样性植被同样值得我们深入探索。黄山的植物种类非常丰富，有 1805 种高等植物。特别是那株位于玉屏楼旁、文殊洞附近的迎客松，它在约 1680 米的海拔生长了上千年，是黄山的标志性植物，是黄山的"镇山之宝"。

此外，黄山上还有种类繁多的昆虫也为自然观察提供了丰富的内容。你可以在此观察甲虫，追逐五彩斑斓的蝴蝶，还能在溪畔仔细观赏那些美丽的透顶单脉色蟌（cōng）和赤基色蟌。

黄山的"镇山之宝"
——迎客松

正在溪边休息的透顶单脉色蟌

这里要告诉你个有趣的小知识：蟌是一种腹部细长的昆虫，俗称"豆娘"，它看起来像是小型的蜻蜓，但实际上它和蜻蜓不属于同一类昆虫。如何区别蟌和蜻蜓呢？这里有个最简单的判断方法：蟌在停歇时翅膀会收起合拢，而蜻蜓的翅膀会保持打开的状态。

黄山风景区不仅是昆虫的天堂，还是众多鸟类的栖息地。其中，比较知名的有红嘴相思鸟、红嘴蓝鹊、八音鸟、白鹇、黄眉柳莺和紫啸鸫等。

猜一猜：仔细观察下图中这只鸟的特征，猜猜它的学名（答案就在前面我们所列的鸟名中）。

出游前，你可以查找这些鸟类的图片，然后在旅行中拿着图片寻找、追踪它们，并将你的观察用相机或手机记录下来。

游学方向 2

到茶园采一采茶，学习如何制茶

中国人饮茶的历史可以追溯到上千年前，中国也是世界茶文化的发源地。如果来到安徽黄山，我们还可以到当地的茶园去采茶，探究一下茶叶的制作过程。

黄山毛峰
是中国十大名茶之一

说到安徽黄山的茶，你知道吗？这里有一种特别好喝的茶，叫作毛峰！它是茶中的"明星"，是我们中国的十大名茶之一，也是绿茶的一员。据说，这种茶是在清代由谢裕大茶行首次制作而成的。

猜猜看，什么时候是采这种茶的最好时间呢？那就是每年的清明和谷雨这两个节气时。这时候，我们可以戴上酷酷的草帽，拎上茶篓，去茶园里玩"采茶"小游戏。但要注意的是，我们要摘茶树最顶端的嫩芽，已经张开的叶

采茶是一项
非常有趣的活动

子就不要啦!

　　采下的新鲜茶叶通常不会直接拿来泡水喝,它要经过一些"魔法"步骤
才能变得好喝。你能猜到这些步骤吗?来看看下面的连线题吧!

连一连：炒制毛峰有四个重要步骤，分别是摊青、杀青、揉茶和烘焙。请你试着将这四步的名称和相对应的图片连一连线。

1. 摊青　　　　2. 杀青　　　　3. 揉茶　　　　4. 烘焙

　　首先，要摊开晾新采摘下来的茶叶，这叫"摊青"，目的是让它们的水分自然"飞走"，变得不那么潮湿。

　　然后是"杀青"，这是一个热闹的环节。制茶师会把茶叶放进锅里，在高温下反复翻炒。这样可以破坏或抑制茶叶中的氧化酶活性，保持住茶叶自然的绿色，同时进一步减少茶叶中的水分含量，促使茶叶迅速保留住香气。

杀青是制茶的
关键步骤

杀青后，就要开始"揉茶"啦。这个环节是用手把茶叶揉捻成小团，然后再抖开它，这样反复好多次。

最后是"烘焙"。传统的烘焙手法，是把揉好的茶叶放到烘笼里初烘，一边烘一边翻叶，这样可以剔除茶叶里的杂质，并继续烘干茶叶中的水分。初烘后的茶叶放置一段时间再进行足烘，直到茶叶完全变干便大功告成了。

以上这四步就是制作毛峰的重要步骤。

这种茶真的好特别！它的形状像小鸟的舌头，颜色翠绿，还带点金黄色。泡出来的茶，色泽明亮，味道香醇。

可能很多人好奇，为什么黄山适合种植茶树呢？这是因为黄山有很特别的气候和生态环境：空气温暖湿润，土壤松软且富含矿物质，同时降水量也十分充沛。茶树在这里就像是在度假，生长得特别舒适，叶子也特别肥厚。更有趣的是，黄山的兰花盛开时间正好和采茶时间一致，所以黄山的茶还带有一点点兰花的香味，真的是茶中的极品啊！

除了毛峰以外，黄山地区还有太平猴魁、松萝茶、祁门红茶、顶谷大方等多个品种的茶叶，每种都独具风味。

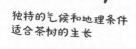

独特的气候和地理条件
适合茶树的生长

游学方向③

在古镇里探索徽派建筑

在安徽黄山，除了对黄山景区进行自然科考，我们还可以去黄山市周边的古镇逛一逛。这里的古镇建筑独具风格，像徽州区的呈坎村、黟县的宏村和黄山脚下的唐模古村，都保留着徽派建筑特色，和我们平时所见到的房屋迥然不同。

始建于东汉三国时期的
呈坎村

黛瓦白墙
是徽派建筑的标志

　　呈坎村是一个非常有名的地方，它是当今我国保存最完好的传统村落之一，被宋代大儒朱熹赞誉为"江南第一村"。呈坎，古名龙溪，已经有1800多年的历史了。这里的徽派建筑看起来就像一幅水墨画，古老又宁静，别具特色。

　　古时徽州的商人、文人、政客有了财力后，回到家乡就盖了这些美丽的房子，用来象征他们的财力和地位。这些房子主要由黑色和白色相结合构成外观颜色，为整个徽州增添了一道独特的风景线，营造出浓厚的历史感和丰富的故事氛围。

　　徽派建筑受徽州文化传统和地理位置影响，形成独具一格的风格，是江南地区的超级明星建筑。你看到那些黛瓦和白墙的房子了吗？就是它们啦！这些建筑有个十分醒目的部分——比房顶还高的墙。

想一想：你知道为什么他们会建比房顶还要高的墙吗？
请在你认为正确的答案下面打上"√"（多选）。

防火	挡风	遮阳	装饰	防盗
（ ）	（ ）	（ ）	（ ）	（ ）

　　徽派的建筑大多为两层，是用砖和木头建的，外观颜色基本是黑、白、灰。那怎样在低调中突显出奢华呢？为此，能工巧匠们给"墙头"加上了形状像马头的装饰。因此，它就有了一个可爱的名字"马头墙"！

马头墙是徽派建筑的一大特征

你知道吗？光看这些马头墙还能区分出当年户主的实力。一般来说，马头墙也就三叠、四叠，而有些大户的人家，为了显示自己的富有，居然会建五叠呢！

马头墙最上面都有一块板子，叫"搏风板"，不仅如此，墙尾还会安上好看的装饰。你可以看到像"鹊尾"这样的墙尾装饰，或者是"印斗"和"坐吻"等立体图案。

每次看到这些，都觉得真是好有趣呀！

马头墙上的
搏风板和墙尾装饰

游学方向 ④

徽雕为何如此精彩美妙？

古徽州不只有像画一样的古老建筑，还留下了令人惊叹的徽州雕刻艺术。

徽派雕刻是徽州文化的重要组成部分。在安徽歙（shè）县、黟（yī）县和江西婺源县，这种精美的雕刻特别有名，并且被很好地保存下来。你知道吗？这种雕刻艺术不只体现在民居、祠堂和牌坊等徽派建筑上，还用在古时的家具、挂画、笔筒和果盘上。

安徽歙县徽商大宅院里的精美徽雕

圈一圈：徽派雕刻有四大神技，你知道都包括哪些吗？把它们圈出来吧。

砖雕	玉雕	米雕	石雕	泥雕
木雕	牙雕	漆雕	竹雕	根雕

距今已有2000多年历史的徽州石雕

徽州的传统石雕大多采用一种叫"黟山清水石"的石头来雕刻。这种石头就产自黟县。黄山古称黟山，而黟县已经有超过2000年的历史了。这种青石位于高山上，经常沐浴在云雾中，石质软硬适中，所以非常适合雕刻。人们通常用它来雕动物、植物、古老的图案和文字，但是很少用它来雕刻人物和风景。

再说说徽州的木雕吧，它们真的超级有趣！有的雕刻是人物形象，有的是风景画面，还有各种花、鸟、动物、云彩等好看的纹样，以及许多象征好运的图案。而且，根据木雕的摆放位置不同，木雕工匠会采用不同的雕刻形式与摆放背景融合，有的是立体圆雕，有的是表面浮雕，还有的是可以看到背后的透雕。是不是很神奇？

精湛的木雕艺术为建筑增色不少

砖雕的雏形可以追溯到两千年前的汉代画像砖。当时的人们先用模子压出砖的形状，再像烘烤饼干一样用高温烧制压出的砖，最后再仔细地在砖上刻画出各种图案。

明代初期的砖雕风格质朴，像孩子们的泥塑作品，使用的工具也很简单，类似于小玩具铲，这个时期的砖雕看起来有些粗糙，不够精致。

到了清代，徽州砖雕技艺达到顶峰，每件作品都堪称艺术品，精细得像我们拼接的立体拼图，每一块都很有故事感。你知道吗，砖上最高竟然可以雕刻九层图案，可比我们搭建乐高难多了！

起源于汉代画像砖的
徽州砖雕

徽州还有独特的竹雕艺术，徽州竹雕技艺是中国竹雕技艺大家庭里的重要一员。你知道什么是竹雕香筒吗？它是用来放香花或香料的竹筒，竹筒的外壁雕刻花鸟鱼虫或人物等漂亮图案。当你靠近它，就能闻到一股淡淡的清香，真的很好闻哦！

猜一猜：徽派竹雕还有一个常见的用途，根据下图，你觉得这个竹雕的用途是什么？

如果你有机会到古徽州去玩，千万别错过欣赏这些超棒的竹雕艺术品！如果你带了画笔和纸，也可以试着临摹那些精美的竹雕图案，甚至可以自己动手进行雕刻创作，体验一下做艺术家的感觉！

安徽黄山与古徽州游学方案

游学时间：5 天

游学主题：自然观察、茶叶采摘与制作、古徽州文化探索

第 1~2 天：黄山游览与自然探索

地质探索：了解黄山地质形成过程，观察黄山的地貌特点，包括其独特的花岗岩造型等地质奇观。

观察植物：感受黄山高等植物的多样性，特别关注迎客松等特色植物。

动物大发现：寻找黄山特有的昆虫、鸟类等。

星空观测：欣赏黄山上的夜空，了解星座的奥秘。

第 3 天：茶园探秘与制茶体验

茶叶采摘：到茶园中体验采摘茶叶的乐趣，了解茶树的生长特点与种植方法。

茶叶制作：参观茶叶制作过程，如有机会可参与初步的茶叶制作过程，如杀青、揉捻等。

茶文化学习：了解茶的历史、品种和冲泡技巧等。

第 4~5 天：徽州古镇游览与文化体验

古镇游览：参观徽派建筑，欣赏马头墙、砖雕、石雕等。

木雕体验：学习徽州的木雕工艺，尝试雕刻简单的木制品。

书法体验：在古镇的书法馆学习书写具有徽派文化特色的字体。

聆听历史：听导游讲述古徽州的历史和传说。

小贴士

❶ 要配备合适的装备，如登山杖、帽子、遮阳伞、望远镜等。

❷ 随身携带水和小零食。

❸ 在古镇游学，请尊重当地文化和习俗。

❹ 时间和行程可根据实际情况进行改变。

《难忘的泼水节》
从热带雨林到独特的傣族文化

《难忘的泼水节》是人教版小学语文二年级上册的一篇课文，讲述了在1961年傣族泼水节上，敬爱的周总理和边疆人民共同庆祝这个富有情趣的民族节日的情景。

课文中洋溢着的热情，就像火红的凤凰花，撒满字里行间。作者在描写人们欢迎周总理的场面时，抒发着兴奋和欢悦；在描写周总理与人们互相泼水的场景时，充满了人们对总理的爱戴；在文章结尾，更是直抒胸臆，连用三个自然段四个感叹句，表达出人们的激动、幸福和难忘之情。

西双版纳通常是指西双版纳傣族自治州，是云南省的8个自治州之一，首府景洪市。接下来，就让我们一起到西双版纳去游学一番，看看你会获得哪些意想不到的收获。

富有民族特色的傣族泼水节

游学方向 1

在热带雨林中来一次探险

　　西双版纳的地理位置很特殊，位于中国云南省最南部。这里拥有广阔的雨林，栖息着众多珍稀的动植物，是中国地貌特征最特别的地区之一。人们说这里就像大自然的宝库，吸引了很多科学家前来研究和探索。因此，西双版纳真的是个神奇而有趣的地方呢！

俯瞰西双版纳
大渡岗

　　西双版纳位于北回归线以南，一年四季都像是一个夏天乐园！这里夏天炎热，冬天温暖，旱季常年阳光明媚，雨季雨水丰沛，这种得天独厚的气候就像大自然馈赠给它的特别礼物呢！

　　西双版纳宛如一个大自然的宝盒，里面藏着各种奇异而可爱的动植物。这里也像是一个神秘的森林公园，有很多我们从没见过的稀有生物。它们在这里快乐地生活、玩耍，和这里的人们一起守护着这片美丽的家园。

西双版纳的植物具有典型的
热带雨林特征

这里有丰富多样的高等植物，其中 5000 多种都是热带植物。最特别的是那些高大的树木，它们分成好几层呢！其中有一种望天树，可以高达 40 ~ 60 米，好像是森林中的巨人。还有一类板根植物，是高大的乔木，树皮光滑，颜色很浅，根部像板子一样裸露在地面。仔细观察，你可能还会在这些高大树木的枝干上看到有花朵盛开！

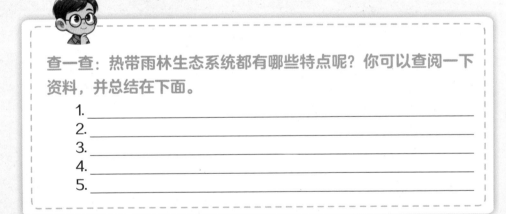

查一查：热带雨林生态系统都有哪些特点呢？你可以查阅一下资料，并总结在下面。

1. _____
2. _____
3. _____
4. _____
5. _____

西双版纳热带雨林里的乔木真是千奇百怪！它们有的叶子圆圆的，有的叶子长长的，有的还会开五颜六色的花儿。这么多不同的树，让雨林变得层层叠叠，好看极了。植物的多样性不仅使雨林变得美丽多姿，还对生态系统的稳定和生物多样性的稳定起到了重要作用。

生长在原始雨林
里的蘑菇

这里住着威武的大象、可爱的懒猴，还有那摇摆着长臂的白颊长臂猿。哦，还有漂亮的孔雀，它们展开的尾巴就像一把大扇子。还有，你知道飞蛙吗？它们的腿超长，跳起来仿佛像飞一样！这里还有各种酷炫的爬行动物，比如大壁虎和圆鼻巨蜥等。

孔雀是西双版纳常见的动物之一

在热带雨林的探险中，你会遇到一些奇妙的昆虫。比如，有一种看起来像冰雪公主般纯净的螳螂，名叫兰花螳螂。成年雌性兰花螳螂的身长约6～7厘米，像是一位"大公主"；而成年雄性兰花螳螂只有约2.5厘米长，小巧玲珑，给人一种"小王子"的感觉。

有趣的兰花螳螂

兰花螳螂仿佛是一个"隐形侠"，它们生活在兰花丛中，以捕食小昆虫为生，体色与兰花的颜色相近。因此，其他动物很难发现它们，而它们则可以安静地等待猎物的到来。如果你在花丛中看到了兰花螳螂，那你的眼力真好！

除了兰花螳螂，在西双版纳的热带雨林里，还有很多有趣的昆虫。比如，各种颜色艳丽的蝴蝶、像大号"毛毛虫"一样的马陆、看起来有些吓人的蜘蛛等。如果你是一个昆虫爱好者，来这里肯定不会后悔。

在野象谷里，
母象和它的孩子

你一定也很喜欢大象吧？如果你想和大象来一次近距离接触，不妨到西双版纳野象谷景区去逛一逛，野象谷简直就是大象的秘密乐园。

西双版纳的野象谷景区位于西双版纳景洪市以北的勐养自然保护区。这里的大象生活在藤蔓交织的热带雨林中，雨林里生长着各种各样的植物，给生活在这里的大象们提供了丰富的食物和舒适的家。

你们知道吗？大象是非常聪明且友好的动物，它们彼此之间也有着深厚的感情。在野象谷，我们经常能看到大象们成群结队、亲密无间地活动，它们常常用长鼻子轻轻地互相触碰，仿佛在告诉彼此"我爱你"。

猜一猜：下面 4 个关于亚洲象的"事实"，哪些是真的，哪些是假的？

　　1.亚洲象有很好的跳跃能力，能跳过中等高度的障碍物。

　　2.亚洲象是群居动物，它们通常会由雌性大象和幼崽们组成紧密的社区。

　　3.亚洲象虽然食草，但它们也食肉，经常捕食小动物和鸟类。

　　4.亚洲象的孕期是陆地上哺乳动物中最长的，可以达到 18 ~ 22 个月。

　　你知道吗？关于大象的"大耳朵"，有一个特别有趣的事实：在天气闷热的时候，大象会扇动两只大耳朵，就像扇动两把巨大的扇子一样，可以增加空气流动，促进体内热量散发，让自己感到凉爽。

西双版纳野象谷里的
大象家族

　　总之，如果你来到西双版纳，一定要去野象谷看看，和那里可爱的大象们打个招呼，感受一下它们的热情和友好。同时，我们也要学会尊重大象，维护好它们的生存环境，保护好它们的家园，让大象们在这片乐土上无忧无虑地生活！

25

游学方向 2

傣族都有哪些独特的文化？

　　云南西双版纳傣族自治州是一个多民族地区，有傣族、汉族、哈尼族、彝族、拉祜族、布朗族、基诺族、瑶族、苗族、回族、佤族、壮族、景颇族，总共 13 个不同的民族，其中以傣族人口最多。因此，来这里旅行，你可以充分感受到傣族的文化魅力。

猜一猜：你知道我国的少数民族中，哪个民族的总人口数最多吗？

回族	壮族	维吾尔族	傣族	满族
（　）	（　）	（　）	（　）	（　）

富有异域风情的
西双版纳傣族园

在傣族文化中，孔雀是最受推崇的动物之一！傣族人民非常喜欢孔雀，在他们的传统文化中，孔雀是吉祥和美好的象征。每当节日到来时，傣族的舞者们便会穿上五颜六色的服装，跳起优美的孔雀舞。孔雀舞的每一个动作，都惟妙惟肖。观看这样的舞蹈，就好像真的看到孔雀在翩翩起舞！

竹楼，是傣族的特色民居建筑。一般来说，傣族的传统竹楼是用竹子和木头建造的，分为两层，上层用于居住，下层饲养家禽或作为储藏空间，两层之间用木梯相连。人住在上层，有利于避开地上的湿气和虫子。

依水而建的
傣族竹楼

27

傣族人非常重视人与自然的和谐关系。他们相信大自然中的山、水、树木、动植物都有灵魂，所以他们尊重每一寸土地，珍惜每一滴水。特别是水，傣族人始终对水怀揣一颗崇敬之心，他们"敬水、爱水"，将水视为生命之源，认为水是大自然中最纯净的物质。

既然对水这么崇敬，为什么傣族人还要"泼水"呢？其实，"泼水节"是一个寓意吉祥的傣族节日，也是当地最有趣的节日之一！在这一天，大家都会拿着水盆、水桶，互相泼水。不仅孩子们喜欢，大人们也玩得非常开心。他们相信，泼水这种形式可以洗去一年的疲惫，并给自己和亲朋好友带来好运与幸福。

泼水节意味着
美好的新年

在每年泼水节期间，西双版纳的傣族人还会在澜沧江举行声势浩大的龙舟赛！龙舟赛结束后，他们会把龙舟拆开，放在佛寺的竹楼里。等到下一年的泼水节来临，他们会重新把龙舟装好。这一过程有助于傣族人民传承和保护他们的传统文化，让他们这种独特文化习俗代代相传下去。

傣族有他们自己的文字，叫作"傣文"。这是一种非常古老的文字，从印度古代的婆罗米字母演化而来，并随着佛教的传入而逐渐形成。傣族用傣文记录他们的历史，并创作了很多优美的传说故事。

傣族的音乐也非常吸引人。他们擅长用各种传统乐器，创作出旋律悠扬、节奏明快的乐曲。夜晚，在傣族村寨的篝火旁，你可以听到傣族老人们唱起古老的民歌。那些歌声如同山涧清泉一般，直抵人心。

在傣族的文化传统中，有一个很特别的待客习惯——敬茶。当客人到访时，主人会为客人倒上一杯香醇的普洱茶，这代表了对客人的尊重和欢迎。而客人则要轻轻地啜饮三口，表示感谢。

说到茶，傣族有一段非常有趣的历史。很久以前，傣族人就已经开始种植茶树，还将茶叶制作成茶饼。他们用马驮着茶饼，沿着一条叫作"茶马古道"的路线，走向中国西南地区的偏僻山间集市，甚至是远方的国家去交易。

象脚鼓是傣族民间歌舞不可缺少的伴奏乐器

填一填：说到茶马古道，中国还有一条古老文明之路——丝绸之路。你能写出它们的区别吗？

	茶马古道	丝绸之路
起源时期		
路线		
贸易内容		

茶马古道
承载着傣族人的历史

　　这条古道就好像是一架连接古老村寨与外面世界的桥梁。沿途，人们会经历各种各样的冒险和挑战，与此同时，也结识了许多新的朋友。

　　总的来说，傣族是一个有着丰富文化和悠久历史的民族。无论是动听的乐曲、欢乐的泼水节，还是神奇的茶马古道、独特的建筑等，都会给你留下深刻的印象。傣族的传统文化告诉世人，尊重大自然、珍惜传统、和谐共处是每个文明的核心价值。

游学方向3

感受不一样的傣族菜

　　饮食也是游学的一个重要方向。如果你来到西双版纳这样一个充满少数民族风情的地方，不妨体验一下傣族的特色饮食，相信一定能带给你不一样的感受。

竹筒饭是云南傣族著名的美食之一

　　傣族的朋友们特别喜欢吃米。你知道吗？在云南西部的德宏地区，傣族人最爱的是粳米，而在西双版纳的傣族人则更喜欢吃黏软的糯米。

　　你听说过竹筒饭吗？这是傣族的一道特色美食。他们会把泡好的米放入糯竹的竹筒里，加入适量的水，用鲜竹叶把口封好，然后放在火上烤。烤好之后，用力地敲打竹筒，让竹筒变软一些。接着，再用刀轻轻地切开竹筒，顿时，那美味的饭香扑面而来，吃起来软绵绵的。除了竹筒饭，傣族人还经常制作菠萝紫米饭。这种米饭不仅美味，而且富含营养！

西双版纳夜市上的云南美食

除了喜欢吃米，傣族人还有一个特别的饮食爱好，那就是吃昆虫。云南的气候潮热，所以有很多的小虫子。比如在夏天，蝉因为沾了露水不能飞起来时，傣族人就会把它们捡起来，带回家晒干，做成一种叫蝉酱的食物。

云南的竹林很多，而竹子里的小虫——竹虫，也非常多。你知道吗？这些竹虫会钻进竹子里"安家"。如果我们走入竹林，找到有竹虫钻过的竹子，轻轻地剖开竹子，就会发现里面有很多竹虫蛹。

云南传统美食炸竹虫

当地人喜欢把这些竹虫蛹做成美食。有的人会将它们剁碎，撒上米粉和调料，包在生菜里，然后直接送入口中；有的人则喜欢把它们放在锅里煮一煮，再用油煎一煎，或者跟鸡蛋一起炒着吃，味道香喷喷的，口感脆脆的，好吃极了！

你知道吗？傣族人还有一个特别的爱好——食花！当然，不是随便哪种花都可以吃，而是吃那些可以食用的、无毒的美味野花。比如攀枝花、棠梨花、白杜鹃、芭蕉花和黄饭花等，都是当地人的最爱。

猜一猜：傣族的饮食非常丰富，但下面有一道菜不属于他们常见的食物，你知道是哪一种吗？

A. 香茅草烤鱼　　B. 竹筒饭　　C. 油炸青苔　　D. 馕包肉

细细品味之后，你就会发现，傣族的菜里总是带有一种独特的"酸"味，这个"酸"不是普通的酸，而是那种吃了让人感到开心并且提神醒脑的酸味。傣族的朋友们都说，在炎热的夏天，吃酸味的食物不仅有助于消暑，还能帮助我们更好地消化食物呢！

所以，在傣族的饭桌上，你总能看到各种各样带酸味的美食，例如酸笋、柠檬鸡和傣族酸肉等，还有从森林里采来的酸甜可口的水果！

了解了西双版纳傣族的饮食，你会发现这里的饮食习惯既和历史文化有关，也和当地的生态环境、气候特点有很大的关系。

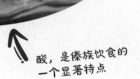

酸，是傣族饮食的一个显著特点

33

游学方向 4

在古寨中寻找千年时光

在体验过热带雨林的冒险和了解了傣族的传统文化后，我们还可以探索西双版纳旁边的景迈山。那里有一些村落古寨，可以带我们"回到"千年以前！

景迈山，它的位置很特别，位于西双版纳、普洱市和缅甸的交界处。如果你站在山上，向东看，就是西双版纳的勐海县；向西看，就是邻国缅甸。

位于云南普洱市景迈山的糯岗古寨

景迈山因普洱茶闻名，是我国著名的六大普洱茶山之一，这里不仅拥有千年历史的万亩古茶林，还保存着完整的古村落，这些村落分属于两大行政村——景迈村和芒景村。千百年来，生活在这片土地上的各民族与茶共生，山野林趣融于"世界茶源"。

景迈村下辖有8个传统村落，每个村落的名字都充满趣味和历史感，比如景迈大寨、老酒房和南座等，仿佛每个名字的背后都有一个古老的故事。而芒景村则有6个传统村落，它们的名字也都特别好听，如翁基、芒景上寨和芒景下寨等。

糯岗古寨充斥着古朴的气息

糯岗古寨是景迈山14个传统村落中的一个，这里保存有较为完整的傣族文化。如果你想感受原始傣族古村落的风貌，体验山地傣族的原生态文化及风情，那么这里就是你的理想之地。

糯岗古寨的名字源自傣语，"糯"为水潭，"岗"为马鹿，合起来的意思是马鹿喝水的地方。这个古老的村落世代与自然和谐共生，村民们健康长寿，因此也被誉为"长寿村"。

你知道吗？糯岗古寨居住着大约百户人家，古寨周围就是古茶园，这里的很多家庭世代以种茶为生，种茶、采茶、制茶的精湛手艺代代相传。

圈一圈：糯岗古寨世代盛产一种闻名中外的茶叶，你知道
是哪种吗？请把你认为正确的答案圈出来。

龙井茶　　　碧螺春　　　铁观音　　　普洱茶　　　大红袍

糯岗古寨的房子很有特点，大多是用木头和竹子搭建而成，属于典型的傣族干栏式建筑。这些房屋依山而建，围绕寨子的中心分布，街巷都可通向寨中心。

传统的民居大都是两层的。你知道底层是做什么的吗？以前人们把鸡、鸭等家禽养在这里，还把一些农具和杂物放在这里。通过一个楼梯，可以到达二楼的前廊，再往里走，就是主人的客厅和卧室啦！

糯岗古寨的
传统民居

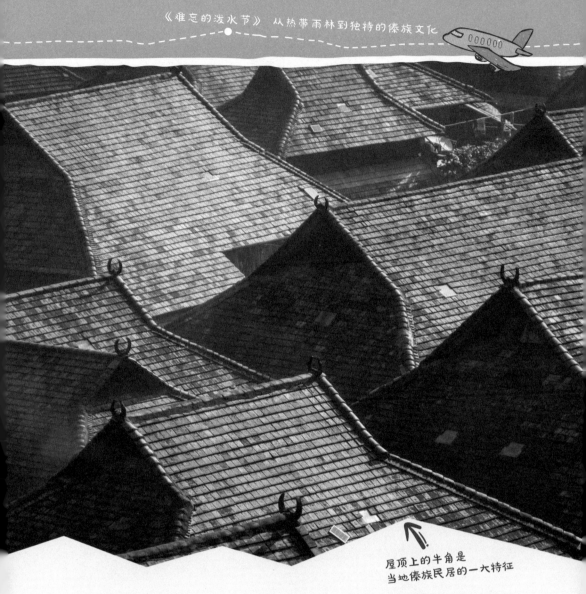

屋顶上的牛角是
当地傣族民居的一大特征

　　这里的民居俯瞰多呈方形，屋顶铺以瓦片，具有很好的排水功能，适合当地多雨的气候特点。而屋脊的两端，则以牛角为标志，这是当地傣族人的一种图腾文化，寓意吉祥。

　　生活在糯岗古寨的人们，祖祖辈辈以茶会友、以茶祭祀、以茶联姻，茶文化已深深根植于他们的生产、生活和精神世界里。在这里，没有车水马龙的喧嚣，没有都市里的压力，只有原生态的淳朴与自然、清新的空气和老茶坊里飘来的普洱清香。

　　走进这片古老的村庄，你会觉得仿佛走进了一个传奇的世界，到处都是迷人的故事和美丽的风景。那么，你想不想去看看呢？

云南西双版纳与周边游学方案

游学时间： 6 天

游学主题： 自然探索、少数民族文化体验、植物与动物观察、古寨游学

第 1 天：初探雨林——探索西双版纳的大自然

初探雨林： 在热带雨林中徒步，观察各类热带雨林植物，了解它们的生长环境。

前往野象谷，实地观察野象谷的象群，学习关于亚洲象的知识。

第 2 天：生物多样性——探寻热带雨林中的动物奇观

野生动物观察： 寻找热带雨林中的鸟类、昆虫、爬行动物。

参观热带植物园： 了解植物的多样性及它们的生态特性。

采摘水果： 体验采摘热带水果的乐趣，同时深入了解西双版纳热带雨林的生物多样性。

第 3 天：少数民族文化体验——傣族文化与美食之旅

参观傣族园：了解傣族传统文化和服饰，亲身体验傣族舞蹈和手工艺品制作。

尝尝傣族菜：融入傣族文化，品尝传统傣族菜肴，如竹筒饭和傣族火锅等。

第 4 天：游船之旅——了解西双版纳奇妙的水生生态系统

游船之旅：前往澜沧江边，乘船欣赏风景，并了解该地区的水生生态系统。

参观水上市场：了解当地的水上文化和商业活动。

第 5 天：古寨探索——景迈山糯岗古寨之旅

古村落漫步：前往景迈山，探索古村落的历史，品味当地的普洱茶。

参观古寨：参观古寨建筑，了解古寨建筑的特点和历史。

小贴士

❶ 带上合适的登山装备，如登山杖、帽子、雨具等。

❷ 随身携带水和小零食，以备不时之需。

❸ 在傣族园和古寨游学期间，请尊重当地文化和习俗。

❹ 行程中根据实际情况可以进行微调。

《富饶的西沙群岛》

从海洋科学到火山的形成

　　《富饶的西沙群岛》是人教版小学三年级语文课本上的一篇文章。这篇文章分为三段，按照总、分、总的叙述方式展开。

　　首先，在第一段中概述了西沙群岛的整体情况，强调了其风景优美和物产丰富，呈现出这里是令人向往的地方。

美丽富饶的
西沙群岛

　　接着，在第二段中，按照从海面到海底，再到海滩和岛上的顺序，详细描述了西沙群岛的美丽和富饶。通过清晰的分述，使整篇文章的结构更加有条理。

　　最后，在第三段总结部分，强调了守卫在岛上的英雄们将会使西沙群岛变得更加美丽和富饶。这样的结尾为文章增添了一份乐观和正能量，使我们更加期待这个美丽的地方的未来。

　　接下来，就让我们跟着课本，一起到海南省，从西沙群岛开始，来一次丰富多彩的游学之旅。

游学方向 1

海洋科学，我来了

在南海的西北角，有一个叫西沙群岛的神奇地方，它是中国南海四大群岛家族中的一员。你知道吗？西沙群岛面积很大，分布在 50 多万平方公里的海域中，共有 22 个小岛、7 个沙洲，还有 8 座环礁、1 座台礁和 1 座暗礁海滩。

填一填： 中国南海的四大群岛除了西沙群岛，还有哪三个？

1. 西沙群岛
2. ＿＿＿＿＿＿＿＿＿
3. ＿＿＿＿＿＿＿＿＿
4. ＿＿＿＿＿＿＿＿＿

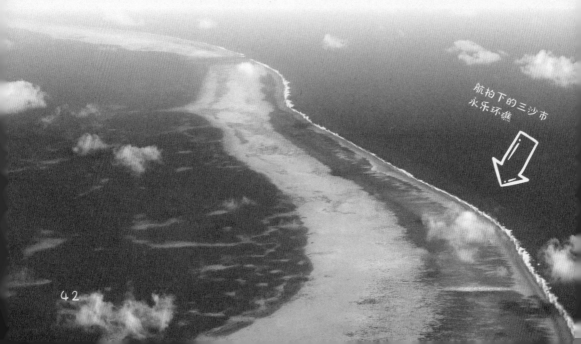

航拍下的三沙市永乐环礁

西沙永兴岛上的民港灯塔

　　西沙群岛就如同一个海洋的藏宝箱，这里有晶莹剔透的海水、细腻的沙滩以及众多美丽的海洋生物。

　　西沙群岛的宜人气候令人感受到永恒的夏天般的舒适。在这样美好的天气下，五彩斑斓的鱼儿、漂亮的珊瑚和憨憨的海龟都喜欢在此嬉戏玩耍。喜欢潜水的人们可以穿上潜水服在海水中探险，仿佛置身于《海底总动员》般的奇妙世界；而喜欢航海的朋友则可以乘坐邮轮，感受航海旅行的乐趣。

　　不仅如此，西沙群岛还有一个特别著名的岛屿，名叫永兴岛，它是西沙群岛中最大的岛屿。这里有柔软的沙滩、清澈的海水，还有绿油油的植物。永兴岛上耸立着一座高高的灯塔，就像是这座岛屿的守护神。

如果你想在未来成为一名海洋学家，那么西沙群岛将是一个绝佳的学习基地。来到这里，你将有机会深入了解很多关于海洋生物和海洋生态的知识。

比如那些看起来像彩色石头的珊瑚礁，它们不仅仅是天然形成的"艺术品"，更是许多海洋生物的"家"。西沙群岛的珊瑚礁还是个大明星，因其种类繁多、生长茂盛、色彩丰富等特点，在全世界的海底珊瑚礁家族中都是很有名的。有人说，珊瑚礁是海洋里的宝藏，不仅仅是因为它们好看，而且还因为它们是海洋生物与生态的重要研究对象。

你知道这些五彩斑斓、形态各异的珊瑚礁是怎么形成的吗？其实，它们是由一种叫珊瑚虫的小生物一点点建造而成的。

西沙群岛拥有世界著名的珊瑚礁

珊瑚虫，其实和我们平时吃的米粒差不多大，有的甚至更小！它们的口周围长着许多小触手，用来捕获海洋中的浮游生物。别看珊瑚虫的个头儿不起眼，它们可是珊瑚礁的"建筑师"呢。

科学家发现，造礁珊瑚虫会和一种名为虫黄藻的生物共生，虫黄藻通过光合作用，把合成的一些有机物传递给珊瑚虫，帮助珊瑚虫建造碳酸钙骨架；随着珊瑚虫死去，这些骨架不断堆积起来，日积月累，就形成了珊瑚礁的基本构造。

这些珊瑚礁不仅是珊瑚虫的家园，还为很多的海洋生物提供了栖息之所。鱼类、甲壳动物、软体动物、海藻等在珊瑚礁中繁衍生息，构成了复杂的食物链，宛如一个繁荣的"小王国"。

珊瑚礁真的是大海中的一个宝藏，五颜六色、热闹非凡。它们就像是大海里的"城堡"，让很多生物有了家，并且维持了海洋生态平衡。如果你来到美丽的西沙群岛，记得一定要看看这个美丽的海底世界哦！

小小的珊瑚虫正是珊瑚礁的"建筑师"

珊瑚礁是海洋生态系统中的重要元素

古老的渔船似乎在诉说着
西沙群岛的历史

　　除了丰富的自然资源，西沙群岛还拥有丰富多样的文化遗产。这里有古老的渔村，你或许会见到渔民爷爷修补渔网的身影。你知道吗？他们的渔船不仅仅是普通的船，还承载着优美的故事和悠久的传统。

　　但是，随着社会的发展，西沙群岛的环境也遇到了一些麻烦。因为有些人不太注重环境保护，再加上全球气候变化，海洋的生态系统正在面临威胁。所以，我们要一起保护好西沙群岛，让这里的动植物都拥有一个健康和谐的生态环境。当地政府的叔叔和阿姨们也正在努力，推出了许多能让这里的海水变得更清澈，天空变得更碧蓝的举措。希望我们都能为西沙群岛出一份力！

　　总之，如果你对海洋科学感兴趣，那么到西沙群岛去游学一定会让你受益匪浅。

游学方向2

火山是如何形成的？

嘿，小伙伴们！你们知道吗？来到海南，除了去西沙群岛探索海洋科学以外，我们还可以去探究一下火山的秘密！这次，我们要去一个很酷的地方——海南省的省会海口市。在那里，我们不仅可以玩得开心，还能深入了解火山的形成过程。

准备好背包，一起去冒险吧！

位于海南省海口市的中国雷琼世界地质公园（海口园区）

航拍中国雷琼世界地质公园
（海口园区）风炉岭火口

在距海口市中心西南方向 15 千米处，有一个超酷的地方叫中国雷琼世界地质公园（海口园区），原名海南海口石山火山群国家地质公园，人们都说这里是"天然火山博物馆"。

在这个神奇的公园里，有数十座小火山，好像是一个"火山家族"，其中以马鞍岭火山口景区最为有名。马鞍岭是由风炉岭、包子岭两座火山构成的，因为形状近似马鞍而得名，而风炉岭是园区里最高的山，海拔超过 222 米！

从空中往下俯瞰，风炉岭火山口的东北面有一个"V"形的缺口，你知道这个缺口是如何形成的吗？这就是当时火山喷发时，火山岩浆外溢所形成的一条通道。

中国雷琼世界地质公园（海口园区）里不只火山多，火山岩洞穴也很多，它们就像是火山的"秘密房间"。最有名的两个岩穴是仙人洞和卧龙洞，里面神秘又好玩，虽然现在还是个未被大家完全了解的地方，但我们可以进去探险！

仙人洞离马鞍岭火山口景区只有4千米远，在洞口的大石头上，你可以看到写着"石室仙踪"四个字，仿佛是仙人居住的地方。更有趣的是，这个洞里还藏着一个小洞！在很久以前，人们在清理洞里的泥沙时，找到了一些古老的石器工具，像是用来打猎和做饭的。这些发现让人不禁猜想可能很早以前就有人住在这里吧！

生活在山洞里的原始人

离仙人洞不远处还有一个叫作卧龙洞的大岩洞，这个岩洞简直大到可以举办一个盛大的派对！它长3千米，有7米高，10米宽，可以容纳下至少数千人，真是令人惊叹！

说到这里，你是否了解火山是如何形成的呢？让我们通过下面这个排顺序的小游戏来测试一下吧。

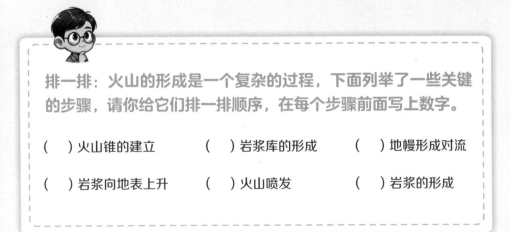

排一排：火山的形成是一个复杂的过程，下面列举了一些关键的步骤，请你给它们排一排顺序，在每个步骤前面写上数字。

（　　）火山锥的建立　　　　（　　）岩浆库的形成　　　　（　　）地幔形成对流

（　　）岩浆向地表上升　　　（　　）火山喷发　　　　　　（　　）岩浆的形成

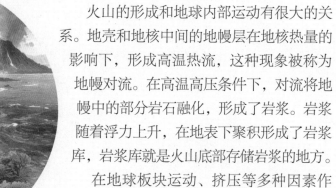

想象一下火山喷发时的
壮观情景

火山的形成和地球内部运动有很大的关系。地壳和地核中间的地幔层在地核热量的影响下，形成高温热流，这种现象被称为地幔对流。在高温高压条件下，对流将地幔中的部分岩石融化，形成了岩浆。岩浆随着浮力上升，在地表下聚积形成了岩浆库，岩浆库就是火山底部存储岩浆的地方。

在地球板块运动、挤压等多种因素作用下，岩浆库里的岩浆会变得活跃起来，继续向地表上升，并推起地表，使其像起了一个巨大的青春痘。当压力积累到一定程度，岩浆就会冲破地表，形成火山喷发。

当这些热乎乎的岩浆从地表喷出来后，遇到相对凉爽的空气，它们会冷却并逐渐变硬形成熔岩，慢慢地在火山口积累起来，成了火山锥。这个过程，听起来是不是像地球在制作一个特别的"熔岩蛋糕"呢？

独特的绳状熔岩是火山
活动的"杰作"

可以想象的是，在上万年之前，中国雷琼世界地质公园（海口园区）所在的地区，有很多火山正在大地上"跳舞"喔！它们"跳"得非常热烈，从地下喷出的滚烫岩浆冷却后，就形成了一个个火山口。

在这个公园里，你不仅可以看到这些火山表演后留下的"剧场"，还可以发现"剧场"下的迷宫——岩洞。这些火山和岩洞都是大自然的杰作，闭上眼睛，仿佛能看到火山曾经在这片土地上的精彩表演。

当然，对于火山及这些神奇岩洞的形成，还有很多未解之谜等着科学家们来探索。如果有机会，你可以到这里亲自探索一下，听听火山的故事，看看大自然的魔法！

火山喷发所形成的
熔岩流景观

游学方向 3

感受黎族独特的风俗文化

黎族是海南岛上的"老住户"啦，他们已经在那里居住了几千年！你知道吗？黎族人民有自己的独特语言和文化，他们的传统房子、服饰和手工艺都有自己的独特之处。

黎族人大多住在海南的陵水、保亭、三亚等地。他们有一种特别的语言，很多人认为这种语言是世界上最古老的语言之一哦！这种语言的语法和发音方式和我们的汉语完全不同。这其实告诉了我们，黎族人有他们自己独特的思维方式和丰富的文化。

你知道吗？黎族的语言并没有用于书写的文字系统，他们都是用口述的方式来传承。许多黎族故事和歌曲都是由一代代人口口相传下来的，直到现在，当地很多黎族的小朋友仍然会记得许多传统的故事和歌曲！

海南黎族拥有悠久的文化

颇具特色的黎族
"船型屋"

在黎族居住的地区，你会看到像翻过来的小船的房子，这是什么呢？这就是黎族人的"船型屋"啦！

想象一下，在很久以前，黎族的祖先们坐着木船到了海南岛，但他们找不到地方住。于是，机智的他们想到了一个主意：为什么不把我们的船翻过来当房子呢？就这样，他们家的造型就像一艘船一样，而屋顶上，还铺上了软软的茅草，内部采用了架空的设计。墙壁是用泥巴和稻草混合堆砌而成，屋顶的茅草从上面垂下来，看起来真的就像一艘大大的木船倒扣在地上呢！

想一想：船型屋是黎族的独特标志，这种房屋设计看起来很有趣，那么你觉得，如果住在这样的房子里，会有哪些好处呢？

我的答案：_____

_____

这种像船的房子不仅仅是为了纪念他们的祖先，还告诉我们黎族人有多么喜欢大海和船只。这些特别的船型屋成了黎族的标志，吸引了好多游客来参观。而黎族的小朋友们，也从小就开始学习怎么建造这种船型屋，因为这是他们家族的一种特色和骄傲。

这些船型屋不只是一种住所，还是黎族历史和文化的见证。这些船屋告诉我们，不论面临怎样的挑战和困难，黎族人都能用自己的智慧和勇气，创造出美好的生活。

黎族人的传统服装也很有特点，可以概括为"男简女繁"。男性的服饰相对简单实用，他们通常头戴黑、红色的头巾，身着舒适的棉或麻质上衣和腰布（也被称为"吊襜"），不仅穿着方便，也适合当地炎热潮湿的气候。

而黎族的女性呢，她们的衣服就会丰富得多，通常由上衣、下裙和头巾三个部分组成。一般来说，黎族女性上身多是黑色圆领贯头衣，配以诸多饰物，领口和袖口常以花纹作为装饰，前后身用小珠串成彩色图案；下身多为紧身筒裙，裙上布满花纹图案。有些筒裙为了突出花纹效果，会在边沿增加精美的刺绣。

除了漂亮的衣服以外，黎族的女孩子们特别喜欢用饰品装扮自己。比如在节日或重要场合，她们会头插银钗，颈戴银链、银项圈，胸挂珠铃，手戴银圈等，显得雍容华贵。

穿戴黎族传统服装和配饰的年轻女性

心灵手巧的黎族人，还以其丰富多样的艺术和手工艺而闻名。他们擅长用藤、竹编成各种精致的篮子，还能用泥土烧制成漂亮的陶器。黎族妇女还特别擅长织锦，她们能用棉线、麻线、丝线和闪亮的金银线来编织出美丽的图案。

制作陶器是黎族人传统的手工艺

能歌善舞，也是黎族人的一大特点，他们会用鼻箫、叮咚木、独木鼓等传统的竹木乐器，演奏出欢快的旋律。当黎族的女孩子们身穿色彩鲜亮的衣服跳舞时，你可以看到她们就像飞在天上的仙女一般，用轻盈的舞姿讲述着那些古老的神话故事，令人陶醉。

黎族是中国少数民族大家庭里的一个重要成员。他们拥有悠久的历史和丰富的故事。黎族人过着独特的生活，有自己的信仰、美丽的舞蹈和精美的手工艺品。我们应当珍视和保护黎族的这些独特的文化瑰宝，使少数民族文化更加多姿多彩。

海南陵水椰田古寨展出的黎族银饰

游学方向 4

探寻苏东坡的海南之旅

说起宋代有名的文学家，苏轼这个名字你一定不陌生。苏轼（1037—1101），字子瞻，号东坡居士，所以人们也常常称其为苏东坡。苏东坡是中国北宋时期的一位文学家、书画家。但是你知道吗？这位大文豪曾经在海南岛西北部的一个地方，度过了一段难以忘怀的岁月。这又是一段怎样的传奇故事呢？

当时，苏东坡已经年过六旬了，因为直言不讳地上书朝廷反对变法，结果多次被贬，最终被放逐到海南岛上的儋（dān）州。想想看，那时候的交通和现在不一样，去海南岛对他来说就如同前往一个遥远又陌生的孤岛。

海南儋州东坡书院中的
苏东坡雕像

圈一圈：你的诗词水平如何呢？下面有两句诗或词，并不是出自苏东坡，请你圈出它们来吧。

1. 明月几时有，把酒问青天。　　2. 竹外桃花三两枝，春江水暖鸭先知。

3. 春蚕到死丝方尽，蜡炬成灰泪始干。　　4. 不识庐山真面目，只缘身在此山中。

5. 水光潋滟晴方好，山色空蒙雨亦奇。　　6. 海内存知己，天涯若比邻。

的确如此，绍圣四年（1097年），苏东坡乘着一叶孤舟来到了当时还是一片荒凉之地的儋州。在宋代，海南属于极其落后、仍未开发的地区，这里十分贫穷，教育也很落后。但是，苏东坡并没有因此而伤心，反而把这里当作一个新的开始！

苏东坡在儋州开始了新的生活，跟当地的居民建立了深厚的友谊，学习他们的生活方式和风俗习惯。海南的美丽风景也成为他诗歌中的点点星光，为他的作品增添了许多亮丽的色彩，他在这里创作了许多动人的诗篇和书法作品。

年过六旬的苏东坡被贬到海南

想象一下，苏东坡去海南之前在朝中是个大官，但被贬派到了一个遥远且落后的地方，可以算是他人生中的一个低谷。然而，苏东坡不但没有太多怨言，反而变得更加积极！

儋州五彩湾红色熔岩海岸风光

在儋州，苏东坡展示了自己非凡的才华和领导能力。他看到这里的水利系统不完善，就指导当地人进行改造；看到农田产量不高，他便教农民种植新的作物。不仅如此，他还大力推动了儋州教育的发展，由此留下了一段传奇。这是一段怎样的经历呢？

原来，刚到儋州时，苏东坡发现这里的学校破破烂烂，有才识的老师不多，孩子们都不愿来上学。面对教育水平如此落后的状况，苏东坡决定用他的学识和魅力来改变这一切。

位于儋州中和古镇里的东坡书院

据历史记载，1098 年，苏东坡在儋州讲学时建立了一所学堂，并引用《汉书·扬雄传》中"载酒问字"的典故，给这所学堂起了个有趣的名字叫作"载酒堂"，而载酒堂也就是今天儋州东坡书院的前身。

有了载酒堂，苏东坡就在此开始传授中原文化和知识，很快就培养了不少"学霸"。真是名师出高徒，在苏东坡的影响和指导下，海南儋州诞生了当地第一个举人姜唐佐和第一个进士符确。在当时，这可真是了不起的事呢！原本以农业、渔业为生的儋州当地人，开始重视起教育，学习氛围一下子就提升起来了。

后来，苏东坡培养出来的海南历史上第一位举人姜唐佐，回到了家乡儋州，像恩师苏东坡一样，开设学堂，教书育人，把苏东坡播下的文化火种传承了下去。

选一选： 苏东坡在晚年写的《自题金山画像》中写道："问汝平生功业，黄州惠州儋州。"那么你知道这三个地方现在分别属于哪三个省吗？

A. 湖南　广东　海南　　　　B. 湖北　广东　海南

C. 湖南　福建　海南　　　　D. 湖北　福建　海南

宋元明清几代，海南共出举人767人、进士97人，这些文化的繁荣景象，与苏东坡在儋州时的无私奉献和辛苦付出有着密不可分的关系。直到今天，苏东坡讲课的载酒堂依然是当地学生们心中的圣地。

苏东坡在儋州度过了大约三年的时光，1100年他得到了朝廷的赦免。在离开海南时，他创作了《别海南黎民表》一诗，表达出他对海南人民的深厚情谊。就让我们在这首诗中，结束这次的儋州游学吧！

苏东坡为儋州的文化教育做出了杰出的贡献

《别海南黎民表》

宋·苏轼

我本海南民，寄生西蜀州。

忽然跨海去，譬如事远游。

平生生死梦，三者无劣优。

知君不再见，欲去且少留。

海南西沙群岛与文化游学方案

游学时间： 6 天

游学主题： 海洋探索、岛屿探索、火山探险和

黎族文化体验

第 1~2 天：海洋探索——开启邮轮海洋探索之旅

海洋生物观察： 乘坐邮轮，欣赏海洋中的鱼类、珊瑚等生物，了解它们的生存环境和特点。

海洋地质探索： 探索海洋和海洋潮汐等自然现象的形成。

星空观测： 邮轮上观赏星空，学习星座知识。

第 3~4 天：岛屿探索——海洋生态的亲密体验

岛屿探索： 登陆岛屿，感受洁净的海滩和清澈的海水。

潜水初体验： 近距离观察珊瑚、海草、热带鱼等。

感受夜晚海滩： 听海浪声，享受海风，感受大海的宁静。

第 5 天：火山探险——火山形成大探秘

火山游览：参观火山口，观察火山地貌，了解当地关于火山的传说和故事。

火山地质学习：了解火山的形成、火山岩的特性。

第 6 天：黎族文化体验——陵水黎族文化的近距离接触

黎族村落游览：观赏黎族的传统建筑。

黎族文化体验：欣赏黎族的传统服饰、舞蹈和音乐，体验黎族手工艺制作，如编织、刺绣等。

黎族美食：品尝黎族的传统食物，如黎族竹筒饭、椰汁鸡等。

黎族夜市：体验黎族的夜生活，和黎族当地人一起载歌载舞。

小贴士

❶ 请确保携带防晒霜、墨镜、帽子等防晒用品。

❷ 潜水时请严格遵循教练的指导，确保生命安全。

❸ 在体验黎族文化时，请尊重当地的习俗和文化。

❹ 时间和行程可根据实际情况和天气进行适当调整。

《七月的天山》

从广袤天山到"地下长城"

《七月的天山》是人教版小学四年级下册语文课本上的一篇习作例文，描述了新疆天山的迷人景色。在这篇文章中，作者以形象的比喻和渐进的叙述方式，展示了天山的三个独特方面：

首先，作者从高处到低处，由远处到近处，生动地描述了天山融化的雪水和汇聚的溪流。一方面展示了天山蓬勃的活力，另一方面解释了为什么在盛夏进入天山后会感受到秋天般的清凉。

其次，作者描绘了天山宁静美丽的景色：茂密的树林、细腻的日影和马蹄溅起的水声相互交融，形成了一幅美丽的画卷。

最后，作者描写了天山深处的景象：山色柔和、山形优美，重点描述了天山脚下五彩斑斓的野花和溪水两岸盛开的鲜花，让我们仿佛置身于春天的花园中。

作者通过天山的水、树、花三个方面，生动地展示了天山的美景。整篇文章洋溢着作者对天山壮丽的赞叹，流淌着对大自然之美的赞赏之情。

天山所在的新疆维吾尔自治区，总面积166.45万平方千米，是我国陆地面积最大的省级行政区，约占全国陆地总面积的六分之一。如此地大物博的新疆，都有哪些地方值得我们去游学呢？

开满油菜花的天山
令人心驰神往

游学方向 1

广袤的天山，独特的动植物

天山山脉就像地球上的一个超级明星，这条山脉位于欧亚大陆的腹地，欧亚大陆可是地球上最大的陆地哦。天山山脉不仅是世界上七大山系之一，还是世界上最大的一条"横着长"的山系。是不是很神奇？

这条长长的山脉，就像一条巨大的龙，蜿蜒数千千米，横跨中国和中亚地区，为欧亚大陆这片土地带来了美丽、壮观的自然景观。新疆天山指的是在我国境内的东天山，东西绵延长约 1700 千米，占到天山山脉总长度的三分之二以上。

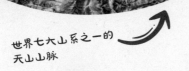

世界七大山系之一的
天山山脉

圈一圈： 天山山脉除了在我国境内，还横跨其他三个国家，你知道是哪三个国家吗？把你的答案圈出来吧。

哈萨克斯坦	土库曼斯坦	蒙古国	俄罗斯
吉尔吉斯斯坦	尼泊尔	乌兹别克斯坦	印度

夏季的天山石林
犹如油画一般

　　天山山脉离大海特别远，所以它周围的空气非常干燥，是全世界范围最大的干旱地区山系之一！正是这种特殊的地理位置，孕育了天山独特的气候和生态系统，使天山山脉周围的生态系统和植被分布更具特色，天山的自然景观也更加引人入胜。

　　新疆天山是新疆独特的地理标志，而且也是很适合我们去游学的地方。比如在夏天的时候，新疆的戈壁滩酷热难耐，像烤箱一样！但如果你来到新疆的天山，仿佛置身于空调的环境中。这里凉风习习，既有秋天的凉爽又有春天的活力。就像《七月的天山》里写的那样，天山的夏天真的是太舒服了。

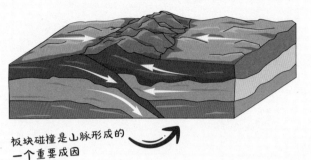

板块碰撞是山脉形成的
一个重要成因

如此巨大的天山山脉，是如何形成的呢？根据地质学家的推测，天山山脉的形成并非一蹴而就，很可能是在数千万年前，在地球板块碰撞下，逐渐演变的结果。

大概距今 6500 万年前的新生代时期，随着地球内部运动，印度板块向北移动，与欧亚板块相碰撞，形成了巨大的变形带。在板块的不断挤压下，产生了垂直翘起以及褶皱、断层等地质变化，就逐渐形成了今天我们看到的天山山脉。

地球板块碰撞威力惊人！造就了天山山脉多种多样的地貌景观：既有像巨人用刀雕刻出来的山峰，比如博格达峰、托尔木峰等；又有像天山天池、赛里木湖等天然湖泊。这些丰富的地貌特征，使天山山脉成为一个五彩斑斓、变化万千的大自然奇观！

新疆阜康市博格达峰的
高山湖泊——天山天池

当然，新疆的天山不只是有壮观的山脉和美丽的风景，还有着各种各样非常特别的植物和动物，这些可是在其他地区很难看到的。

比如天山云杉，这是一种生长在天山山脉等地区的高大常绿乔木，一般可以长到 30 ~ 40 米，特别高的可以达到 50 米以上。天山云杉的叶子也很特别，长长的、细细的，就像一根根绿色的针，有序地排列在一起。

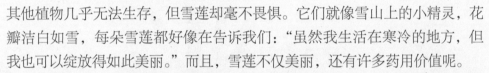

天山博格达峰上盛开的雪莲

而天山雪莲更是新疆天山的"明星"。它们生长在冰雪覆盖的山坡上，那里极为寒冷，其他植物几乎无法生存，但雪莲却毫不畏惧。它们就像雪山上的小精灵，花瓣洁白如雪，每朵雪莲都好像在告诉我们："虽然我生活在寒冷的地方，但我也可以绽放得如此美丽。"而且，雪莲不仅美丽，还有许多药用价值呢。

你知道在天山的雪山上还有一种帅气又霸气的动物吗？对，那就是雪豹！它们的皮毛是灰白色的，身上有许多黑色的斑点，这样的颜色能帮助它们在雪地里"隐身"。雪豹脚趾间有很厚的毛发，这样在雪地上奔跑时，它们就不会滑倒。

选一选：天山雪豹是天山山脉上的珍稀动物，你知道它属于哪个科吗？

A. 马科　　B. 猫科　　C. 犬科　　D. 熊科

"雪山之王"
——雪豹

"攀岩高手"
——岩羊

在天山上还住着一些"攀岩高手"——岩羊。岩羊的角很有特点，可以长到接近一米，弯弯的，顶在头上像两个大大的月牙，而雌性岩羊的角要小很多，非常秀气漂亮。岩羊喜欢站在山顶上，像骄傲的王子一样俯瞰这片广阔的大地。更棒的是，当岩羊被其他动物追赶时，它们能在陡峭的山坡上快速奔跑，让追赶者望尘莫及。

还有一位"空中霸主"经常出没在天山地区，它就是金雕。金雕的翅膀很大，这让它们善于翱翔和滑翔。金雕有一双锐利的眼睛，可以从高空看到地上的一切。当它看到猎物时，就会快速俯冲下来，用锋锐又有力的爪子抓住猎物。

"空中霸主"
——金雕

你知道吗？在天山山脉，动物的种类多达上千种，其中不少是国家重点保护动物，例如北山羊、黑鹳、棕熊、猞猁、马鹿、雪鸡等，真是一下子说不完。

如果你是一个动植物的超级爱好者，那就找个暑假来这里进行探索吧！一边欣赏天山的美景，一边和这里神奇的动物、植物不期而遇，或许会成为你人生中一段美好的回忆。

游学方向 2

葡萄干是怎样制成的？

你知道吗？在小学二年级的语文课本里，有一篇非常有趣的故事叫作《葡萄沟》。这个故事带我们认识了一个叫吐鲁番的神奇地方，那里的葡萄形态各异，有的圆润饱满，有的修长优雅，好像一串串绿色和紫色的宝石。而且，当地人还会把这些葡萄晾成美味的葡萄干！你能想象吗？从一个饱满的葡萄变成香甜的葡萄干，这个过程真的非常有趣！那吐鲁番是个什么样的地方呢？

吐鲁番是位于新疆维吾尔自治区中部、天山东部的一个著名城市，它的形状就像一个巨大的橄榄，藏在天山的怀抱之中。想象一下，这里四周都是大山，山里的这块盆地，不正像是碗里的糖果吗？

位于新疆吐鲁番的葡萄沟

虽然吐鲁番的阳光很充足，天气也很热，但这里雨水稀少，且大风频繁，可谓是一个又热又干的地方。从地理学角度来看，这里属于典型的大陆性暖温带荒漠气候，因此吐鲁番地区又有"火洲""风库"之称。

选一选：说到吐鲁番，《西游记》中有一段精彩的情节就发生在吐鲁番的火焰山，其中没有涉及的人物你能选出来吗？

A. 牛魔王　　B. 玉面狐狸　　C. 铁扇公主　　D. 蜘蛛精

你知道吗？吐鲁番可是古丝绸之路上的明星城市！它的历史源远流长，早在数千年前的新石器时代，这里就有人居住。在最初的岁月里，这里的人们靠打猎和采集为生，后来，随着生产方式的改变，当地人开始种植作物，建立家园，这个地方变得越来越繁忙和充满活力。

在《史记》中，吐鲁番盆地上的土著居民被称为姑师人（后来称为车师人）。他们在这片土地上建立了好几个国家，其中有姑师国（后来改名为车师国），还有狐胡国、小金附国等。

距今2000多年的吐鲁番市的交河故城，由车师人建成

当时的姑师人真的很厉害，他们在吐鲁番创造了自己的特色文化，还有独特的习俗和生活方式。经过他们的努力，吐鲁番这个地方慢慢地变得越来越有名，后来还成为古"丝绸之路"上的重镇。那时的吐鲁番就好似一个繁忙的大集市，各个国家的人们都会到这里来交换商品，分享他们的故事和文化，真是热闹非凡呢！

圈一圈：自从有了陆上丝绸之路，有不少物种从西域传进中原。你知道下面哪 4 种是从西域传进来的吗？

葡萄	水稻	核桃	石榴	苜蓿
苹果	西红柿	马铃薯	荞麦	哈密瓜

吐鲁番市是古丝绸之路上的一个传奇，它的故事已经有上千年了。它的繁荣和发展源于姑师人的努力和智慧，同时也是各国人民交流互通的见证。尽管时光流逝，曾经热闹非凡的交河故城也失去了往日的辉煌，但吐鲁番市是我们了解古代丝绸之路的重要窗口，它的历史和文化遗产仍然值得我们研究和学习。

当然，除了探寻吐鲁番的历史，最让人感到兴奋的，就是来到吐鲁番后，到当地的葡萄沟去亲自探索一下葡萄干是如何制成的。因为这实在是太有趣了。

想象一下，吐鲁番曾是丝绸之路上最热闹的城市之一

71

　　葡萄沟在吐鲁番市区东北十几千米处。到了葡萄沟，你会看到许多的土砖房，这种房子的墙上布满了小洞，这样的房子是干什么用的呢？

　　这些可不是普通的小房子，它们是专门用来晾干葡萄，使它们变成美味葡萄干的神奇屋子。

　　这种土砖房子也被叫作晾房，一般建在高地或通风好的地方，房子墙上的小洞可以让风顺畅地吹进来，帮助葡萄更快地风干成为葡萄干。人们会找些干燥的树枝，将葡萄小心翼翼地挂上，一层一层地摆放，就像我们堆积木一样，直到堆得和屋顶一样高。随着时间的推移，葡萄慢慢地失去水分，变得皱皱的，最终就变成了我们喜欢吃的葡萄干！

　　这个方法的妙处就在于，这些土砖小房子的透空设计，可以让葡萄在变成葡萄干的过程中，味道不会流失，而是浓缩在每一颗葡萄干中。通透性保证了葡萄不会因为长期存放在室内而变质。下次你吃到新疆的大葡萄干的时候，一定会想到它们是怎样制作出来的吧！

葡萄沟的土砖房子为制作
葡萄干创造了条件

挂在土屋中的葡萄，
很像一幅油画

在吐鲁番随处
可见的葡萄干

人们把葡萄晾成干，不仅是为了制作美味的葡萄干，还可以延长葡萄保存时间，随时都能享用。而且，这样晾葡萄的方法充分地利用了当地的气候条件，不需要用电，不浪费资源，充分体现了当地人的智慧，也展现了他们对食物的爱惜和珍视。

总之，这些用土砖砌成的晾房不仅实用，同时也成为当地独特景观的组成部分。参观晾干葡萄的过程，我们不仅可以学到如何保存食物的知识，还可以体验当地文化和传统，欣赏到充满异域风情的风景。

游学方向 ③

探访"地下长城"——坎儿井

吐鲁番是个炎热的地方，那里的雨水很少，这给农业灌溉和人们的生活带来不便。不过，当地人非常聪明和勤快，他们使用了一个神奇的方法来存水和引水——坎儿井！坎儿井是中国古代的"超级工程"，就像是大自然的秘密通道，帮助人们充分利用了地下水源，成功灌溉出一片片绿洲。

坎儿井，其实是一个隐藏在地下的"水管道"。在新疆的吐鲁番和哈密两个地方都可以探寻到它。这个特别的"水管道"有超过 2000 年的历史了。

位于吐鲁番的坎儿井

填一填：中国古代有很多伟大的工程，除了坎儿井，你还知道哪些？请把你知道的填在横线上吧。

1. _____ 2. _____ 3. _____

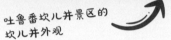
吐鲁番坎儿井景区的
坎儿井外观

这么厉害的坎儿井是怎么来的呢？对于坎儿井的起源至今并无定论，有一种说法认为坎儿井起源于波斯（今天的伊朗），还有一种说法则认为坎儿井起源于中原，第三种说法认为坎儿井是新疆维吾尔族先民自己开创的。无论坎儿井的起源究竟为何，这个古老且伟大的水利工程在新疆的土地上发挥了巨大的作用：它让居民得到了水，让土地变得更加肥沃。

坎儿井是什么样的呢？它就像是一个神奇的"水龙"系统，由四个部分组成：竖井、暗渠、明渠和涝坝（小型蓄水池）。首先，人们在地势较高且有水源的地区挖出竖井，可以让地下的水聚集起来。接着，在井底挖个隧道作为水的管道，把这些水引向人们希望到达的地方，最终将水流引出地面，用于浇灌土地。

这样做的好处是什么呢？首先，地下储的水不会被风吹日晒，减少了水的蒸发损失和风沙侵蚀，同时，也不会被地面杂物污染。其次，坎儿井就像是一个巨大的水缸，帮人们储存水，随时可以取用。这个神奇的"水龙"极大解决了人们缺水的问题，让新疆很多地区的居民生活得到保障！

根据历史记载，新疆的坎儿井数量曾多达 1700 条，仅吐鲁番地区就有 1000 条左右，全长数千米。这些井里的水一年四季流淌不息，水量稳定，被誉为吐鲁番的"生命之源"。

在新疆吐鲁番，人们用聪明才智战胜了干旱带来的诸多不便，他们的这些智慧和技巧被世世代代传承下来，帮助后人更好地利用水资源，维持了这一地区的繁荣和发展。

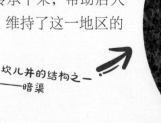
坎儿井的结构之一
——暗渠

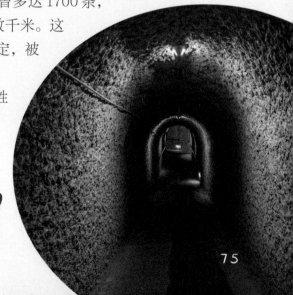

游学方向 4

探寻丰富多彩的维吾尔族文化

　　新疆维吾尔自治区是中国的五大民族自治区之一，以其丰富的民族文化和多元的民族群体而闻名。在新疆这片土地上，维吾尔族是人口数量最多的民族，总人口超过 1000 万。你听过"阿凡提的故事"吗？这个故事的主人公阿凡提，就是一位聪明又勇敢的维吾尔族人。

　　维吾尔族不仅历史悠久，而且还有自己独特的文化和艺术。

　　今天的维吾尔族，主要分布在新疆南部地区，其中以喀什地区、和田地区、阿克苏地区等地为主要聚居地。如果想深入了解和体验传统的维吾尔族文化，最好是到南疆去进行游学。

连一连：你知道中国五大民族自治区的首府是哪儿吗？用线连一连吧。

新疆维吾尔自治区　　　　呼和浩特
内蒙古自治区　　　　　　南宁
广西壮族自治区　　　　　银川
宁夏回族自治区　　　　　拉萨
西藏自治区　　　　　　　乌鲁木齐

位于喀什地区莎车老城的叶尔羌汗王宫

印象丝路
IMPRESSION SILK ROAD

新疆阿克苏地区库车市的
王府建筑

正在演奏传统乐器的
维吾尔族大叔

维吾尔族的文化可谓丰富多彩，他们的生活充满热情和活力。无论是舞蹈、歌曲，还是饮食、建筑，都显示出他们独特的魅力。

维吾尔族人能歌善舞。你听过《达坂城的姑娘》吗？那就是他们的一首传统歌曲。而他们的舞蹈则充满了力量与美感，每当音乐响起，他们便会情不自禁地舞动起来。维吾尔族的手工艺术也极具特色，比如木雕、刺绣、绘画都非常精美。

找一找：下面的乐器中，哪个不是维吾尔族的乐器？
快把它找出来吧。

1. 冬不拉　　　2. 热瓦普　　　3. 萨塔尔　　　4. 手鼓

维吾尔族的服饰既美观又实用。男士们通常会穿上宽松的长袍和长裤，头上戴着一顶圆圆的帽子，叫"朵帕"。而女士们喜欢穿亮丽的裙装，裙子里面搭配长裤，她们头上戴的花帽通常绣有各种漂亮的图案，并装饰着串珠和金银饰品。

维吾尔族的建筑也有自己的特点。传统的维吾尔族住宅多以土坯建筑为主，呈方形平顶设计，一般分前后院，后院用于饲养牲畜和积肥，前院则是家庭生活起居的主要空间，院中种植着各种花卉和果树。

维吾尔族的手工艺也很有名，特别是他们制作的地毯。这些地毯都是手工编织而成的，上面有各种图案，有绚丽的花朵，有栩栩如生的动植物，还有几何图案等，每张地毯似乎都讲述着一个动人的故事。

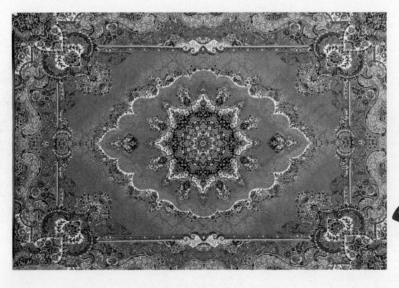

漂亮的维吾尔族
手工地毯

提到维吾尔族，怎么能不说说他们的美食呢！维吾尔族的食物非常好吃，有几样特色菜肴你一定要品尝：

羊肉手抓饭：这是一种用米饭、羊肉、胡萝卜等材料做成的美味饭菜，米饭香喷喷的，羊肉软嫩多汁，胡萝卜增添了甜味和色彩，真的是健康营养又好吃！

烤全羊：在重要的节日或聚会中，维吾尔族的朋友常会烤上一整只羊。烤好的羊肉金黄色，外酥里嫩，吃起来实在太美味了。

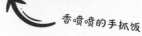

香喷喷的手抓饭

馕：馕是维吾尔族的主食，是一种圆形的面饼。馕的表面有很多小小的坑，看起来就像月球表面的小坑。它既可以单独食用，也可以搭配各种菜肴，非常百搭且美味。

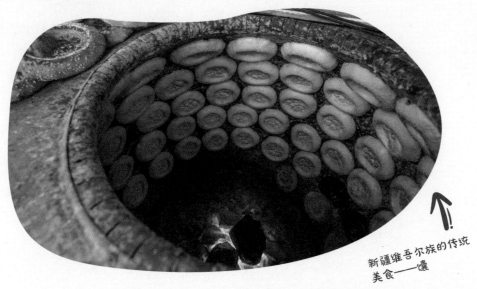

新疆维吾尔族的传统美食——馕

奶茶：维吾尔族人喝的奶茶和我们常喝的奶茶有所不同，它里面会加入羊奶或骆驼奶，有一种特殊的香味，喝完一碗保证你还想再来一碗。

看到这里，你是不是都有点馋了呢？这里的美食还有很多呢！总之，新疆的维吾尔族拥有悠久的历史和多元的文化，如果你去新疆进行游学，不妨去充分感受一下吧。

新疆天山与吐鲁番游学方案

游学时间： 7 天

游学主题： 自然探索、历史文化体验、少数民族风情体验

第 1~2 天：初探新疆——乌鲁木齐市与赛里木湖探访

乌鲁木齐市观光： 欣赏这个多民族聚居的现代都市的风貌，感受它的繁荣与活力。

赛里木湖行： 驱车前往赛里木湖，欣赏湖光山色。

湖畔自然观察： 了解赛里木湖的形成原因、水质和水生生物。

伊宁夜游： 参观伊宁的夜市和体验美食。

第 3 天：探访大草原——感受大自然的翠屏与山水的壮美

那拉提大草原探索： 感受草原的广阔与壮观，了解草原生态和动植物。

牧民体验： 拜访当地牧民，了解他们的生活方式。

巴音布鲁克小镇游览： 探访这个著名的草原小镇，感受那里的宁静。

第4天：穿越天山——独库公路的自然奇观

巴音布鲁克大草原：在草原上放飞心情，观察草原上的特色动植物。

独库公路行：经过天山，感受这条美丽的公路带来的震撼。

和硕小憩：在和硕稍作休息，体验当地的文化和美食。

第5~6天：体验历史的痕迹与民族风情——吐鲁番的故事

吐鲁番古城游览：探索这个古老的丝绸之路上的重要城市，了解其历史和文化。

葡萄沟游学：了解葡萄种植的知识和葡萄干的制作方法。

坎儿井探访：了解坎儿井的灌溉系统和历史意义。

火焰山考察：体验火焰山的高温与神奇。

维吾尔族家访：深入体验维吾尔族文化，品尝特色美食。

第7天：天池探访

天池游览：欣赏天池的美景，了解天池的形成和传说。

返回乌鲁木齐：结束愉快的游学之旅。

小贴士

❶ 新疆气候多变，带好保暖衣物以备随时穿着，特别是在天山区域。

❷ 水和食品是旅途中的必需品，请确保随身携带。

❸ 尊重当地文化和习俗，特别是在与少数民族交往时。

❹ 新疆地大物博，需要长时间坐车行驶于景区之间，请备好预防晕车的药品。

❺ 行程可能会受到交通、天气等因素的影响，需要随时调整。

《美丽的小兴安岭》
从天然林场到中央大街的百年变迁

　　《美丽的小兴安岭》是小学语文课本三年级上册的一篇优美的写景文章，按照季节变化的顺序，介绍了我国东北小兴安岭一年四季的美丽景色和丰富物产，表达了作者对祖国大好河山的赞美和深深热爱之情。

这篇文章所描绘的小兴安岭，每个季节都呈现出不同的魅力和迷人景色。春天的小兴安岭，万物复苏，山间绽放着各种美丽的花草，如同一个绚丽多彩的花园。夏季，岭上气温适中，风吹草动间，仿佛置身于一片绿色的海洋，那些浓密的树林和茂盛的草地让人心旷神怡。

随着季节的更替，秋天来临时，小兴安岭的山林被五彩斑斓的叶子染成一幅绚丽多姿的画卷。红、黄、橙的秋叶在阳光下闪耀，如同燃烧的火焰，营造出一种深深的宁静和美丽的氛围。冬季的小兴安岭则完全展现了雪的魅力。大片的白雪覆盖住山峦和平原，一切都被洁白的外衣所包裹。那洁白的雪花闪耀着银白色的光芒，给人一种纯净和安详的感觉。

在这一章，就让我们跟着这篇课文，一起到美丽的黑龙江省去游学，探寻那里的自然与人文。

冬天黄昏时的小兴安岭

游学方向 **1**

三个维度探索小兴安岭

　　小兴安岭是一条纵贯黑龙江省中北部的山脉，好像一条长长的巨龙，从西北蜿蜒向东南。这里有很多矮矮的山和小丘，宛如大自然的波浪。如果你去黑龙江游学，看到松花江北面的那些山，就是小兴安岭啦！这里不仅有壮美的山脉，还有很多奇妙的动植物哦。

　　小兴安岭是东北地区最重要的自然景观之一。你知道吗？来到小兴安岭，我们可以当一回小探险家，去发现动物、植物以及当地的文化故事！

小兴安岭是我国东北地区重要的天然林场

首先，小兴安岭的森林可是中国最大的天然林场之一，这里就好像一个大大的绿色海洋。你在这里或许能偶遇到很多可爱的动物：蹦蹦跳跳的松鼠、英俊潇洒的中华秋沙鸭，还有人见人爱的梅花鹿等。这些动物是这片森林的"主人"，也是我们中国的动物宝贝。所以，小兴安岭不仅是一片森林，更是一个充满奇遇和故事的神奇世界呢！

一只正在悠闲散步的雌性梅花鹿

鹿是小朋友们最喜欢的动物之一，而在小兴安岭地区，你能见到各种鹿，如驼鹿、马鹿和梅花鹿等。它们生活在森林中，主要以植物为食，比如板栗、野山楂以及一些植物的嫩叶等。在小兴安岭，有个特别的地方叫金山鹿苑。如果你去那里，可以和梅花鹿亲密接触，看看它们是怎么生活的，还能了解为什么我们要保护它们。

除了丰富的鹿种，小兴安岭还是鸟儿的乐园！这里有超过200种不同的鸟类。

连一连：下面的鸟儿都叫什么名字？你来连一连吧。

金雕

花尾榛鸡

啄木鸟

丹顶鹤

猫头鹰

杜鹃

在小兴安岭的森林中，不仅有各种各样的动物，还有许多奇特的树木。你知道吗？这里有大量珍贵的红松树，它们的数量几乎占了全国红松的一半呢！所以人们都称这里为"红松故乡"。

当早春到来的时候，森林的地面上会长出各种可爱的小草。在这片土地上，生长着很多的草本植物，如毛百合、轮叶百合、金莲花、银莲花和金铃花等，它们都在小兴安岭的森林中安家落户。如果细心观察，你还会发现，不同的树木下生长的草本植物种类和数量都不一样。这和土壤的酸碱性、阳光的充足程度等环境因素密切相关。

所以，如果你来小兴安岭游学，记得不仅要观察那些动物和树木，还要低头看看脚下五颜六色的花草，它们也很有趣呢！

春天盛开在山间的银莲花

小兴安岭不只有美丽的大自然，还有很多有趣的文化和传说呢！这里还住着不同的民族，他们有自己独特的语言、服饰和传统文化。

鄂伦春族是居住在我国东北部地区的人口较少的民族之一。以前，鄂伦春族主要以狩猎为生。他们的服饰也充分显示了狩猎民族的特色。比如，鄂伦春族妇女会把狍子皮加工制成衣服，这种衣服结实、柔软且轻便。鄂伦春族人还有一种独特的帽子——狍皮帽，戴上去很像一个真正的狍子头——顶部有挺拔自然的双角和双耳，同时嵌有黑色绒制的眼珠，非常生动逼真，十分有利于狩猎时进行伪装。

"仙人柱"是鄂伦春族的传统居住形式，由圆木搭建而成，外围覆盖铁克沙

　　如果你在小兴安岭里看到一种"圆锥"一样的建筑，很有可能是遇到了鄂伦春族人的传统房屋——"仙人柱"。仙人柱是鄂伦春语，意为"木杆屋子"。它是用 20 余根长五六米的木杆，以及兽皮或桦树皮搭盖而成的圆锥形房屋，充分体现了狩猎民族就地取材的生活智慧。

　　鄂伦春族在长期的狩猎生产和社会实践中，创造了丰富多彩的精神文化，比如民间口头文学（传说、神话、故事等）、音乐、舞蹈、造型艺术等。这是一个能歌善舞的民族，男女老少，几乎都会唱歌跳舞。每逢打猎归来或是喜庆节日，他们都会用歌舞进行庆祝。

　　总之，来到小兴安岭，你不仅能观察到很多有趣的动植物，还能体会到独特的少数民族文化，你一定会爱上这里。

游学方向 2

和东北虎来一次近距离接触

老虎是名副其实的"百兽之王"，来黑龙江游学，我们不仅可以到小兴安岭探索自然风光和动植物，而且还可以和大名鼎鼎的东北虎来一次近距离的接触。听起来是不是很令人兴奋呢？

↑ 两只东北虎正在观察周围的情况

在中国东北的森林、草原和山区里，有一种特别的猫科动物——东北虎。它们也被叫作"东北亚虎"，是国家一级保护动物！东北虎长相威猛，成年雄虎的体长能达到 2.5 米，体重能达到 300 多千克，比普通成年男性体重的 3 倍还多。而雌虎就稍微小一点点，体重也能达到 200 千克左右。

东北虎长什么样呢？东北虎的身上覆盖着黄褐色或者橙黄色的毛，中间点缀着炫酷的黑色条纹，这些条纹在它黄色的毛皮上显得格外引人注目，就像大自然为它们绘制的杰作，既帅气又美丽。东北虎的胸腹部则通常是洁白如雪，很是好看。

浓厚的皮毛是东北虎适应
寒冷环境的关键

你知道吗，东北虎适应环境的能力特别强！当别的动物都畏惧寒冬到来的时候，东北虎则颇为淡定，它们最喜欢栖息在林间空地。冬天的时候，东北气候非常寒冷，有时候气温会降到零下 40 摄氏度呢！但东北虎却能很好地适应这种低温，主要是由于它们的皮毛在冬天时会变得又厚又长，像是给自己穿了一件温暖的大衣，帮助它们适应极为寒冷的环境。

神奇的是，当夏天来临时，东北虎的皮毛又变了样！它们的毛变得短短的，颜色也变深了些，就像是特意更换了一件夏天的外衣。这样一来，它们在树林里，就变得超级隐蔽，能够轻松地捕捉到自己的猎物啦！

东北虎属于独居动物，它们喜欢独自生活在广袤的森林和草原地带。你知道它们最喜欢吃什么吗？是野猪、马鹿等大型动物！作为顶级掠食者，当猎物出现后，东北虎能够以极快的速度追上并捉住猎物。这可和它们平时懒洋洋的样子大不一样哦。

昼伏夜出，
是东北虎的生活习性之一

选一选：寒冷且漫长的冬天里，东北虎会采用哪种策略来生存？

A. 通过适度冬眠来减少能量消耗。

B. 迁徙到较为温暖的地方。

C. 增加皮毛和脂肪厚度来保暖。

D. 改变食物，例如改吃树叶。

更有趣的是，东北虎是典型的"夜猫子"！当我们都在做梦的时候，它们在外面玩得很开心。到了白天，它们往往会找到一片树荫，在下面舒舒服服地睡上一觉。

说到小东北虎，那真的是超萌、超可爱！虎妈妈每次大约能生出 2～4 只小虎宝宝。这些小宝宝出生的时候真的很小，不到大虎的十分之一！它们就像小猫咪一样，依靠妈妈的奶水慢慢长大。在它们成长的过程中，虎妈妈会像超级英雄一样，教它们很多生存的技能，直到它们变得足够强壮，就让它们自己去冒险啦！

圈一圈：说到小老虎，你知道老虎一次通常可以生几只小老虎吗？

1. 9～10 只　　2. 5～8 只　　3. 2～4 只

一只刚出生没多久的
东北虎幼仔

不过，令人担忧的是，由于人们砍伐树木和一些其他原因，东北虎的家园受到了威胁，它们变得越来越少。现在，中国野外的东北虎数量不足百只。所以，我们要保护它们，让东北虎能快乐地生活下去，并且不断繁育出更多的虎宝宝来！

为了对濒危的东北虎进行更好的保护和做更进一步的科学研究，1986年，中国横道河子猫科动物饲养繁育中心成立了。这是我国最早的东北虎保护机构，濒临灭绝的东北虎们得到了更专业的保护和更科学的喂养。

十年后，也就是1996年，繁育中心在黑龙江省的省会哈尔滨市，给东北虎们建了一个新家，叫"黑龙江东北虎林园"，如今，东北虎林园已拥有各种不同年龄的纯种东北虎近千只。

在东北虎林园里，大人和小朋友都可以坐在装着铁护栏的车里，近距离观察东北虎，并给它们喂食。这听起来是不是非常刺激！的确如此，在车上你可以面对面看到老虎们张着大口吞食的样子，十分彪悍和凶猛。

今天的东北虎林园，已经成为哈尔滨最受欢迎的游学景区，每年都有数以万计的人从全国各地来到这里，一睹东北虎的风采。

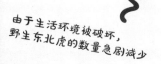

由于生活环境被破坏，野生东北虎的数量急剧减少

游学方向3

梦回百年，中央大街

　　哈尔滨市的中央大街，那里可真是热闹！它不仅是哈尔滨的特色景点，还是亚洲最长的步行街呢。你知道吗？这条街有很多年的历史了，走在上面就像走进了一本厚厚的历史故事书中。

拥有百年历史的
中央大街

哈尔滨的中央大街就像一个长长的魔法带子，从南边的经纬街蜿蜒到北边松花江畔的防洪纪念塔，全长 1450 米！街道宽约 21 米，两边有各种各样的店铺，每天都热闹非凡。

在中央大街两侧分布着欧洲文艺复兴、巴洛克、折衷主义、新艺术运动等建筑风格的建筑。有些建筑已经有超过百年的历史，它们仿佛是来自不同国家的朋友一般。

今天的中央大街，已成为一条国际化的商业街，不仅有各式各样的欧式建筑，还有琳琅满目的美食选择。走在这里，从哈尔滨的红肠、烧烤，到甜甜的冰糖葫芦，再到口味纯正的俄式、意式和法式等异国美食。你会觉得自己像是在环游世界！

中央大街旁面包店里的俄式大列巴面包

中央大街不仅见证了哈尔滨这座城市发展的历史，也展示了中国人民的坚韧与不屈精神。在这里游学，不仅能够体会到独特的文化风情，更能感受到中国百年历史的缩影。

游学方向 4

一边玩雪，一边体验东北风俗

在黑龙江，你能遇到很多有趣的事情。这里不仅有美丽的大自然和古老的历史故事，还能痛痛快快地赏雪、玩雪，并且可以体验东北的特色文化习俗呢！

你想知道哪里是玩雪最棒的地方吗？那就是黑龙江的雪乡风景区啦！这个特别的地方就坐落在牡丹江的西南方，可以乘火车从哈尔滨站到达牡丹江市后，再转乘专线大巴就可以到达雪乡，当然你也可以驾驶私家车前往。

位于黑龙江牡丹江市的雪乡旅游风景区

雪乡风景区的平均海拔超过 1000 米。雪乡处于贝加尔湖冷空气和日本海暖湿气流的交汇处，再加上高山和茂密森林的环境，雪乡每年都会被厚厚的雪覆盖半年以上，积雪最厚处近两米！这样得天独厚的地理条件，造就了雪乡拥有梦幻般的雪景和精美的冰雕艺术。

选一选：雪乡每年被厚厚的雪覆盖半年以上，你知道这里的雪最厚可以达到多少吗？

A. 1 米左右　　B. 1.5 米左右　　C. 2 米左右

炊烟袅袅的雪乡满是
人间烟火的气息

坐着马拉的雪橇观光，
已成为雪乡独特的风景

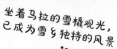

这里简直就像是一个洁色的童话世界。来到雪乡，你可以尽情享受玩雪的乐趣，堆雪人、打雪仗，还能够体验乘坐独一无二的畜力车。

什么是畜力车呢？畜力车其实就是一种让动物帮我们拉的车哦！诸如狗、马、毛驴和驯鹿这些可爱的动物，它们都可以帮我们拉车。但在雪乡，畜力车并不使用轮子，动物拉的是一种叫作爬犁的滑行装置，也叫雪橇。爬犁在雪地上行驶时非常稳健迅速，所以在雪乡，大家都喜欢使用这种交通工具。下次你去雪乡的时候，别忘了体验一下畜力车带来的特别乐趣吧！

挂着红灯笼和玉米的雪乡房屋

在雪乡，除了痛快地玩雪，你还能近距离地感受东北的传统风俗文化。比如雪乡里常见的房子，就是典型的东北民居建筑。

传统的东北民居大多数是坐北朝南的土坯房，这种房屋通常由三间独立的房间构成。当然，并不是所有的房子都是这样的结构，也有由两间房或五间房组成的民居。

坐北朝南的设计意味着房子的门窗都朝着南面，这样设计的好处显而易见，可以充分满足居住者采光和取暖的需求。想象一下，在寒冷的冬季，太阳光从窗户直接照进房间，让室内变得暖暖的，多舒服啊！

火炕也是东北民居的一大特色！它是一个由砖石建成的、可以加热的床，在火炕的下面，有一系列的通道贯穿整个火炕。点燃火炕下面的火炉，热气会通过这些通道传递到火炕的每一个地方。在寒冷的季节，人们烧起火炕，让火炕变得暖暖的，如果此时，躺在火炕上欣赏窗外的雪景，那该有多惬意！

说到这里，你有没有发现，无论是房子的朝向还是火炕的设计，东北的民居都是为了适应当地寒冷的冬天。其实，东北的饮食也是如此。

首先，东北人特别喜欢用酱来调味食物。因为东北的大豆特别多，他们发现用大豆做成的酱非常美味，咸味十足，味道极佳。当冬天来临，食材不那么丰富时，他们就用这种酱来增添食物的味道。而夏天呢，他们更是喜欢直接用新鲜的蔬菜蘸酱食用，这样吃不仅解暑，还能增加食欲。

由白菜腌制而成的酸菜

另外，由于冬季东北地区的新鲜蔬菜种类较少。为了在冬季能够食用到更多的蔬菜，每到秋末冬初家家户户都要腌制大量酸菜，以确保可以一直吃到来年春天。酸菜可以用来炒、炖、烤、包饺子甚至煮汤等，是东北人冬季餐桌上必不可少的佐餐食物。

酸菜是东北必不可少的佐餐食物

此外，东北人的饮食中酒和肉是非常常见的。这也和东北地区漫长寒冷的冬季有关，食用肉类可以帮助当地人保暖身体，辛辣的酒则可以驱寒，尤其是白酒。当然，东北人豪爽的性格也促使他们对吃肉和喝酒有特别的爱好。不过作为小朋友，喝酒是不适宜的。

最后，你还会发现东北传统饮食的口味不仅偏咸，而且偏辣。除了气候环境的原因以外，长期食用酱和腌菜，也让当地人的口味变得偏重一些。而食用偏辣的食物，能够在寒冷的冬天帮助身体驱寒。想象一下，在冰冷的冬天，吃一碗热乎乎、辣辣的东西，是不是顿时就觉得整个人都暖和了！

写一写：东北的传统饮食非常丰富，请你根据上面的内容或查找资料，做个小总结吧！

东北饮食的特点

_____

_____

_____

_____

总之，东北独特的气候和地理环境，形成了别具一格的民居风格和饮食特色，充分体现出东北人民的智慧。看到这里，你不想尽快去体验一下吗！

黑龙江小兴安岭与哈尔滨游学方案

游学时间： 6 天

游学主题： 探索小兴安岭、体验哈尔滨文化、观察动植物

第 1 天：哈尔滨市区——感受文化与历史的融合

中央大街游览： 体验中央大街的百年欧式建筑风情。

文化学习： 到哈尔滨博物馆等地，了解哈尔滨的历史背景和城市演变历程。

东北虎林园： 近距离观察东北虎，了解东北虎的生活习性。

中央大街夜景： 欣赏灯光下的哈尔滨，体验城市的夜晚文化。

第 2 天：金山鹿苑——探访大自然中的精灵

探访梅花鹿： 近距离观察梅花鹿，了解它们的习性和生活环境。

自然探索： 在鹿苑中寻找其他动植物，了解它们的生态特点。

入住伊春： 休息并准备次日的森林之旅。

第3天：五营国家森林公园——探险小兴安岭

森林徒步：在小兴安岭中进行徒步，感受大自然的魅力。

植物观察：认识小兴安岭中的特色植物，如松树、白桦等。

动物追踪：寻找森林中的小动物，如松鼠、各种鸟类等，了解它们的生活习性。

第4天：汤旺河国家森林公园——探索森林深处的奥秘

森林探险：继续在森林中徒步，探索汤旺河的独特魅力。

观察动植物：在森林中寻找特有的动植物，了解它们的生态习性。

生态学习：了解汤旺河地区的生态系统。

少数民族文化体验：与当地的鄂温克族接触，了解其传统歌舞与手工艺。

第5~6天：五大连池——火山与湖泊的奇幻之旅

湖泊观测：观赏五大连池的美景，了解湖泊的形成过程与生态价值。

火山探索：学习火山形成的原因和特点，探访五大连池火山群。

返回哈尔滨：进行行程总结与分享。

小贴士

❶ 携带适合寒冷地区的保暖衣物和装备。

❷ 随时携带水和食物，尤其在森林中。

❸ 在接触野生动物时，请保持安静，避免惊吓它们。

❹ 尊重当地的文化和习俗，特别是在与少数民族交流时。

❺ 具体的游学时间和行程可根据实际情况进行调整。

《饮湖上初晴后雨》

从西湖十景到鲁迅先生故居

　　《饮湖上初晴后雨》是人教版小学语文课本三年级上册的一首古诗，作者是宋代著名诗人苏轼。

浙江杭州西湖上的
集贤亭

历史记载，这首诗是苏轼在熙宁六年（1073年）二月期间写的。当时他在杭州担任通判，期间写了许多关于西湖景物的诗歌。这首诗描绘了不同天气下西湖展现出的不同风采，全面且概括性地描述了西湖的美景，表达了苏轼对西湖美景的热爱之情。

关于西湖的美景，苏轼写了很多诗歌，其中《饮湖上初晴后雨》可谓是其中的佳作之一。在这首诗中，诗人不仅描绘了西湖的湖光山色，还展现了西湖在晴天和雨天的不同韵味，写作手法充满了概括性和艺术性。

诗的前两句，以精炼的语言勾勒出西湖水波粼粼、山色空蒙的美景，以及晴天与雨天时迥异的景致。而后两句，诗人别出心裁地以绝色美女比喻西湖，为美景注入了无限生机，这一比喻新颖别致，情深意切，尤为人称道。特别是后两句，几乎成为了对西湖最恰如其分的赞颂，使此诗成为流传甚广的佳作。

接下来，就让我们跟着这首诗一起，踏上浙江杭州的游学之旅，看看你能从中得到怎样的收获。

游学方向 ①

寻找藏在西湖十景中的历史

　　西湖是浙江杭州最为著名的景点。自古至今，西湖以其优美的景色和丰富的人文历史闻名于世，每年吸引成千上万的游客不远千里来到西湖岸边一睹它的风采。

　　西湖最有名的十个景点被称为"西湖十景"，指的是杭州西湖及其周围十个有代表性的景点，分别是：苏堤春晓、曲院风荷、平湖秋月、断桥残雪、花港观鱼、南屏晚钟、双峰插云、雷峰夕照、三潭印月以及柳浪闻莺。

浙江杭州西湖边的
雷峰塔和苏堤春晓

你知道吗？早在南宋时期，人们就开始赞美这"西湖十景"了。随着历史的变迁和朝代更替，有的景点换了名字，有的新景点被添了进去，甚至从十个增加到二十四个，然而，最受欢迎的还是那原来的十景。所以，来到杭州西湖，你可以去探访这十个经典景点，看看它们都有什么特别之处！

连一连：古诗词中，有很多描写西湖景色的诗句。请你试着把下面这些诗句和诗人的名字连一连，你能连对吗？

白居易	水光潋滟晴方好，山色空蒙雨亦奇。
苏 轼	毕竟西湖六月中，风光不与四时同。
林 升	当路游丝萦醉客，隔花啼鸟唤行人。
杨万里	几处早莺争暖树，谁家新燕啄春泥。
欧阳修	山外青山楼外楼，西湖歌舞几时休。

在西湖十景中，最为著名的景点是苏堤春晓，名字听起来是不是很好听？实际上，"苏堤"这个名字可不是随意而来的，它是为纪念北宋文人苏东坡而命名的。据记载，北宋元祐四年（1089年），苏东坡亲自指挥工人清理西湖，利用湖里的淤泥构筑了这条超长的小路，将近3千米呢！沿着这条小路，你可以依次经过六座小桥，每座桥都有动听的名字：映波桥、锁澜桥、望山桥、压堤桥、东浦桥和跨虹桥。

我国著名书法家沙孟海题写的苏堤字碑

苏堤就像一条美丽的项链，将西湖的南北两岸紧紧相连。走在苏堤上，你会感觉仿佛置身于一幅3D画卷中，西湖的美景尽收眼底。

以荷花和湖景闻名的
曲院风荷

　　春季拂晓是欣赏"苏堤春晓"的最佳时间。随着冬天的寒风逐渐退去，春天静悄悄地来到了西湖。岸边的柳树和桃花都变得元气满满，仿佛在告诉我们春天来啦！湖水平静得像一面巨大的镜子，映照出树木、花朵和蓝天白云的美丽倒影。每当看到这样的美景，都会让人心里像吃了蜜糖一样喜悦！

　　曲院风荷位于西湖的西北角，那里有令人陶醉的湖景和荷花盛景。据记载，在宋朝时期，这里曾有一家酿造美酒的酒坊。每到夏天，荷花的清香和酒香交织在一起，随风飘散在整个湖面上，让人沉醉其中。

　　填一填：提到西湖的荷花，宋代诗人杨万里写的《晓出净慈寺送林子方》就提到了西湖的荷花，请把这首诗补充完整。

　　毕竟西湖六月中，风光不与四时同。
　　＿＿＿＿＿＿＿＿，＿＿＿＿＿＿＿＿。

后来，那家酒坊关门了。直到清代，康熙皇帝来到这里，被美景深深吸引，便给这个地方起了一个新名字，叫"曲院风荷"。如今，这里不仅有很多别致的亭子，还有一个专门种植荷花的池塘。每当夏天来临，荷花竞相开放，湖水清澈如镜，倒映出荷花的美丽身姿，犹如仙境一般！

断桥残雪是位于西湖北侧白堤东端的景点。据说，早在唐朝时期，断桥就已经存在，诗人张祜在《题杭州孤山寺》这首诗中提到了"断桥"。后来，这座桥经历过几次"大改造"，变得更加坚固和美观。

唐代时就已经存在的西湖断桥

为什么这座桥的景观被称为"断桥残雪"呢？有一种说法是，冬日雪后，桥上一边的雪融化了，另一边还留着积雪，从远处看，就像桥断开了一样。这种独特的景象，形成了断桥特有的冬日美景。

位于西湖南岸的南屏山净慈寺

南屏晚钟也是西湖十景中非常出名的景点，其名声源自南屏山上净慈寺的悠扬钟声。早在北宋末年，著名画家张择端就曾绘制过《南屏晚钟图》，使得这一景点广为人知。

南屏山就在西湖的南边，虽然它的海拔只有一百米左右，但它的山体延绵千米。1000多年前，人们在这里建了一座寺庙，叫作净慈寺。这个寺庙里有一口巨钟，重达数吨，每当钟声敲响，悠扬的声音在山谷回荡，即使坐在西湖边上，你也能听到这美妙的钟音。每到傍晚，这钟声就像是山里的精灵在唱歌，让人感觉好像进入了一个神奇的仙境。

雷峰夕照是位于西湖南岸夕照山的胜景，雷峰塔，是五代十国时期吴越国最后一位国君钱俶为了放置经书而建造的。每当夕阳西下时，塔的影子映照在湖中，亭台金碧辉煌，因此被人们称为"雷峰夕照"。

重建后的雷峰塔保持了原来金碧辉煌的夕照景色

然而，到了明嘉靖年间，这座塔外部楼廊被倭寇烧毁，后来不断有人偷走塔基的砖头，1924 年这座塔轰然倒塌。这可真是一件令人伤心的事啊。

不过，在 2000 年，雷峰塔得以重建。新塔就建在了原来塔址之上，有 71 米高，主体为平面八角形体，仿唐宋楼阁式塔，塔身共有五层（台基以上），依山傍水。由此，雷峰夕照的美景得以重现人间。

除了上面我们介绍的内容，关于西湖十景的历史典故还有很多。西湖不只是一个美丽的湖，它还蕴藏着丰富的历史和无数动人的故事！来到杭州游学，记得去杭州的西湖走一走，不仅能饱览美景，还能领略中华文化的博大精深。

西湖十景中的
三潭印月

游学方向 2

为什么西湖龙井这么好喝？

　　坐在西湖边，品尝一杯浓香的西湖龙井茶，听起来就十分惬意！你知道吗？西湖龙井茶可是中国茶界的超级明星，它以其"色绿、香郁、味甘、形美"的特点闻名中外，深受饮茶人的喜爱。

　　说到西湖龙井，它的历史可真是太悠久了。早在三国两晋时期，茶叶便已在钱塘江两岸被广泛种植，饮茶也逐渐成为社会的流行文化。随着时间的推移，喝茶演变成一种大众生活习惯，大家喜欢坐在一起，边喝茶边聊天，享受那份宁静和惬意。

　　到了北宋时期，西湖旁的龙井茶园规模日益扩大，出产的茶叶品质卓越，当地的官员将这种茶叶献给朝廷，深受赞赏。有诗人留下"白云峰下两枪新，腻绿长鲜谷雨春"的诗句来赞美龙井茶。

香味浓郁的西湖
龙井茶

航拍杭州西湖旁边的
龙井茶园

连一连：中国是茶叶大国，茶的品种特别多。下面这些
名茶都出自哪里？请你来连一连吧。

碧螺春	安徽大别山
毛峰	福建安溪
武夷岩茶	安徽黄山
铁观音	云南西双版纳
普洱茶	福建武夷山
六安瓜片	江苏洞庭山

　　到了清代，大名鼎鼎的乾隆皇帝非常喜欢龙井茶。据说，他去了杭州
的龙井茶园四次！还写了很多诗来称赞龙井茶，并亲自挑选了十八棵"御茶
树"。从那时候开始，西湖龙井茶变得更加有名了。

你可能好奇，西湖龙井为什么那么好喝呢？这就要归功于它生长的环境！西湖龙井茶产自杭州西湖周边的狮峰山、翁家山和梅家坞等区域。

这些地方气候条件非常适合茶叶的生长，温度适中，雨水充沛，阳光充足；而且这里的土壤微酸且深厚，排水系统良好，茶树的根可以深入土壤，充分吸收养分。就像我们摄取食物中的营养一样，茶叶也从土壤中汲取了充足的营养，所以才那么好喝！

独特的地理和气候环境
孕育出优质的龙井茶

此外，茶树生长环境中的溪水也起到了重要的作用。流动的溪水不仅为茶树提供了新鲜充足的水源，还营造了适宜的湿度环境，有助于茶叶的茁壮成长。

每年清明节前夕，是采茶的最佳时间。此时来杭州游学，你不妨到茶园里走一走，采一采茶，研究一下龙井茶园的生态环境，相信你会增加不少关于茶树生长的知识。

从采摘新鲜的茶叶到将其制作成可饮用的茶，中间需要经过多道工序。制作茶叶是一门非常系统的手艺，有很多步骤。你知道吗？制茶师傅要用"抖、带、挤、甩、挺、拓、扣、抓、压、磨"共十种精湛的手法，才能把新鲜的茶叶变成可以冲泡的茶叶。

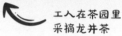

工人在茶园里
采摘龙井茶

过程是不是很复杂？的确，制茶是一项需要熟练技巧和准确判断力的工艺。炒茶师傅通常需要长时间的学习和实践才能掌握这门技艺，因为他们的手法决定了茶的最终味道。在西湖周边的很多地方，你都可以观摩到炒茶师傅炒制茶叶的过程，品尝到刚炒制出来的，让人回味无穷的龙井茶。

西湖龙井不只是好喝的茶，更是杭州人智慧和心意的结晶。当你在杭州的茶园里采摘茶叶，观看茶师傅制作茶叶，再细细品尝一杯香醇的龙井茶时，你不仅能学到很多新知识，更能深刻感受到这里浓厚的历史和文化氛围。

正在炒制龙井茶叶

游学方向 3

钱塘江的大潮是如何形成的？

在人教版小学语文课本四年级上册，有一篇课文名叫《观潮》，讲述了作者在浙江省海宁市观看钱塘江大潮的经历，他用生动形象的语言把"天下奇观"展现在我们面前。那么，钱塘江的大潮是如何形成的呢？

钱塘江，发源于安徽省休宁县海拔 1600 多米的怀玉山主峰六股尖，流经安徽省南部和浙江省，最终汇入杭州湾，流入东海。这条大江在历史上有着众多名称，如浙江、浙水、罗刹江等，因为它流经了古时候的钱塘县，也就是现在的杭州，所以得名钱塘江。这条大江不仅是自然景观的瑰宝，还是吴越文化的发源地之一！

然而，你知道吗？钱塘江有一个令人惊叹的自然现象：它会"涨潮"！每年阴历八月十五前后，海宁的盐官镇会变得超级热闹，因为好多人都会来这里观看钱塘江大潮。大潮来临时就像排好队形的一大群白色的马，疯狂奔腾而来，声音大得就像山崩地裂一样。这绝对是大自然的奇观之一，也是世界上三大涌潮之一！

波澜壮阔的钱塘江大潮

钱塘江大潮来临的时候，每天都会有两次大的潮水涌上来，被称为"早潮"和"晚潮"，这两次涌潮通常间隔 12 ~ 12.5 小时。有时候，大潮的潮头可以高达 3 米！

除此之外，钱塘江大潮的潮水形态还有很多"花样"。有的像鱼的鳞片，叫鱼鳞潮；有的如同一条直线，所以叫一线潮；还有的像潮

人们在钱塘江边观赏涌潮

水玩了一个 U 形回头，叫回头潮；更有的像向空中冲刺的水箭，叫冲天潮。这些形态各异的潮水就像在江面上施了魔法，每一次观潮都能带给人们新的惊喜和震撼！

你可能会好奇，为什么钱塘江的潮水如此千变万化？为什么最好的观潮时间是在阴历八月十五前后呢？这背后其实有两大关键因素在起作用：第一个是太阳和月亮的引力作用；第二个是杭州湾的地形，杭州湾的形状像一个巨大的喇叭口，使潮水在这里跳得更高、玩得更疯！

具体来说，月球和太阳的引力共同作用，会使地球上的海水产生潮汐现象，在每年的阴历八月十五左右，即中秋节前后，太阳、月球、地球三者几乎在同一直线上，此时太阳和月球的引力叠加，使海水受到的引潮力达到最大，从而更容易形成较大的潮汐。

中秋节前后是钱塘江观潮的最佳时机

选一选：地球上的海洋潮汐与月球引力和太阳的引力有关。下面这 4 个选项中，哪个是正确的呢?

A. 月球对地球潮汐的引力大，是太阳引力的 2 倍多
B. 太阳对地球潮汐的引力大，是月球引力的 2 倍多
C. 月球对地球潮汐的引力大，是太阳引力的 3 倍多
D. 太阳对地球潮汐的引力大，是月球引力的 3 倍多

与此同时，钱塘江南岸赭山以东有一片陆地，宛如半岛般阻挡了宽阔的江口，使得钱塘江在这里形成了一个类似肚大口小的瓶颈地形。

当大量的潮水涌入江口时，由于江面的宽度突然变窄，潮水被挤在一起，难以顺畅通过，于是只能一个波浪接一个波浪层层叠加涌进来，形成了壮观的潮涌景观。除此之外，钱塘江附近经常出现的东南风，也对涨潮起到了锦上添花的作用。

就像钱塘江大潮一样，在我们生活的地球上，很多奇观的背后，都隐藏着有趣的科学原理。如果你总能用科学去解释所见到的自然现象或景观，说明你是一个善于思考、喜欢动脑筋的人，未来的你一定会非常出色!

清代画家根据钱塘江涌潮绘制的《浙江秋涛》图（见《西湖志》卷三）

游学方向 4

鲁迅先生的童年在哪里？

你一定知道鲁迅吧，他可是我们中国超厉害的文学大师！人们都说他是中国现代文学的奠基人。在民国时期，当时的国人想摆脱愚昧，追求新的文化和思想，鲁迅就走在了最前面，给人们带来了很多发人深省的文学作品。你可能不知道，鲁迅小时候就在浙江长大。

鲁迅本名叫周樟寿，后来改名为周树人。而"鲁迅"这个名字，是他给自己起的笔名。他小时候在浙江绍兴长大，家旁边有个私塾叫三味书屋，鲁迅 10 岁就去那儿学习了。

17 岁那年，鲁迅考入当时很出名的江南水师学堂。从那时起，他改名为周树人。几年后，鲁迅从学校毕业，他原本想去日本学习先进的医术，回国后治病救人。但是，他发现，当时的中国人更需要的其实是新的思想和知识，而不仅仅是医术。

于是，鲁迅开始了他的写作之旅，最终成为一个作家。他希望通过他的文字，让更多的人获得新思想，看到更广阔的天地。

50 岁（虚岁）时的鲁迅
（拍摄于 1930 年）

22 岁时在日本留学期间的鲁迅
（拍摄于 1903 年）

1918 年 5 月,他以鲁迅为笔名,发表了中国现代文学史上第一篇用现代体式创作的白话短篇小说——《狂人日记》,引起了热烈的反响。此后,他创作了大量的小说、散文、杂文等文学作品,对中国现代文学的发展产生了深远的影响。

> **圈一圈**:鲁迅是一位大文豪,除了《狂人日记》,还有很多的作品。下面这些文学作品中,哪些不是鲁迅的作品呢?
>
> 《华盖集》　　《阿Q正传》　　《四世同堂》　　《彷徨》
>
> 《呐喊》　　《屈原》　　　《灭亡》　　　《朝花夕拾》

1917 年,鲁迅为当时的
北京大学设计的校徽

鲁迅不仅仅是一个出色的文学家,还是一位文化运动的领袖、思想家和革命家。他关注社会底层人民的命运,为妇女和儿童的权益呐喊。在抗日战争期间,他积极参与抗日救亡活动,为国家的独立和人民的解放而奋斗。

从小学到中学,我们的语文课本里收录了很多鲁迅的作品。如果你去浙江游学,一定会好奇鲁迅小时候成长的地方是什么样的。别着急,就让我们一起到鲁迅在绍兴的故居去看一看。

在绍兴市越城区有一条路叫鲁迅中路,这是为了纪念鲁迅而命名的。在这条路的沿途,你可以参观绍兴鲁迅故居、鲁迅祖居(即周家老门台)和鲁迅博物馆等景点。

鲁迅故居是鲁迅小时候的家,他在这里度过了童年时光,也是他创作如《狂人日记》《孔乙己》等许多著名作品的地方。

位于浙江绍兴的
鲁迅故居

鲁迅故居很大，建于清代，是一座典型的江南民居，前后一共有六进，百草园就在最后面，旁边紧邻着风情园。鲁迅的纪念馆就在他的故居和祖居中间，里面有很多关于鲁迅先生的故事和珍贵文物。

猜一猜：上面提到的"进"是中国建筑中的一个概念，你知道是指什么吗？

1. 庭院　　　2. 房子　　　3. 门　　　4. 窗

鲁迅先生曾读书写字的书桌

鲁迅故居的占地面积大约有1000平方米，第一进为台门斗（即大门和第二道门中间的空间）；第二进为平屋和长廊；第三进是5间楼房，楼下西侧为鲁迅在绍兴工作时的卧室，这里摆放着鲁迅先生的书桌、书架、文房四宝等物品，同时还展示着他的手稿、信件、译著等文献资料。

第四进为两开间楼房，楼下靠东边的前半间称为小堂前，是鲁迅家用餐、会客的地方，后半间是鲁迅母亲鲁瑞的卧室。而楼下靠西边的前半间是鲁迅祖母的卧室，后半间是过道；故居的第五进为厨房；第六进为三开间平屋，中间有门通向百草园。

百草园其实是鲁迅家的菜园。正如鲁迅在《从百草园到三味书屋》中所写的那样，这里有"紫红的桑葚，酸甜的覆盆子，光滑的石井栏，高大的皂荚树……"，栽种着各种花草树木。

鲁迅故居后面的百草园

鲁迅故居旁的三味书屋

对于百草园，鲁迅有着特殊的记忆。在厦门大学任教期间，他写过一篇著名散文——《从百草园到三味书屋》，记叙了他天真烂漫的童年时代在园中游乐的场景，以及那些浓厚的生活情趣。

来到鲁迅故居，仿佛穿越了一个时光隧道，让我们瞬间回到百年之前，感受到鲁迅先生从小到大的生活环境，甚至仿佛还能看到他就在院子的某个地方，正安静地埋头创作。

除了实地探访鲁迅故居，你还可以到故居旁边不到百米的三味书屋去看一看。鲁迅在这里接受了良好的启蒙教育，为他后来成为文学家奠定了基础。

据说，鲁迅从小就显示出了超群的才华和对知识的渴求，他曾在三味书屋里读过"四书五经"、"二十四史"、《水浒传》和《三国演义》等经典著作，还自学了英文、日文、德文等外语。可见，当年的鲁迅先生是多么勤奋啊！

如果你也想成为一个像鲁迅先生一样的大文豪，那也应该像他那样，多下苦功才行啊！

读一读：鲁迅先生有篇描写童年生活的散文《从百草园到三味书屋》，被收录在他的散文集《朝花夕拾》中，请你有空的时候找来读一读。

浙江杭州与绍兴鲁迅故居游学方案

游学时间： 4 天

游学主题： 西湖历史探寻、龙井茶采摘体验与制茶工艺
观摩、鲁迅的文化启蒙、江南古镇探索

第 1 天：杭州西湖——寻找古老的文化和自然景观

船游西湖：感受古香古色的西湖风光。

认识西湖十景：观赏"断桥残雪""曲院风荷"等景点，了解每一景点背后的历史与传说。

品味西湖：品尝杭州当地美食，如西湖醋鱼、龙井虾仁、东坡肉等。

湖边赏月：在西湖边欣赏夜景，听艺人弹唱《浣纱记》等传统曲目。

第 2 天：爱上龙井——茶文化探索与体验

生态学习：探访茶园，了解龙井茶树的种植方法和生长环境。

茶园采摘：采摘龙井茶叶，感受茶农的辛劳与乐趣。

制茶工艺观摩：观摩龙井茶的炒制工艺，体验炒茶的技巧和乐趣。

茶文化探索：学习如何辨别龙井茶，并掌握正确的品茶方法。

第3天：玩转绍兴——探访鲁迅的故乡与文化启蒙之地

拜访鲁迅故居： 走进鲁迅故居和百草园，了解鲁迅的成长环境与家族背景。

游览三味书屋： 感受鲁迅少年时代的学习生活场景，了解鲁迅的文学作品对中国现代历史的影响。

感受绍兴： 探访绍兴的古街和古桥，体验传统的绍兴文化。

第4天：古镇韵味——乌镇探秘与水乡文化体验

寻找古镇建筑： 游览嘉兴市的乌镇，欣赏古镇的建筑风格。

文化探索： 了解乌镇的历史文化与传说，体验江南水乡的生活方式。

休闲活动： 品尝乌镇特色美食，如乌镇糕点、白水鱼等；观赏或亲身体验如蓝印花布、竹编、木雕等手工艺制作过程。

小贴士

❶ 请携带舒适的鞋子和服装，方便行走和游玩。

❷ 保持环境卫生，不要乱扔垃圾。

❸ 尊重当地的传统文化和居民的生活习惯。

❹ 行程安排可以根据实际情况和天气进行调整。

陕西延安的
窑洞

《延安，我把你追寻》
从窑洞游学到参观秦始皇兵马俑

　　《延安，我把你追寻》是人教版小学四年级语文课本上册的一篇现代诗歌，以极为优美和富有诗意的语言，形象地描写了延安精神，热情地抒发了作者对于追寻延安精神的迫切心情。

在这首诗歌中，作者提到了几处与延安精神紧密相关的代表性地点，如延河、枣园、南泥湾、杨家岭等，诗人通过对这些地方的深情回忆，表达了对延安精神的真切呼唤。延安，这一举世闻名的中国革命圣地，是中国共产党艰苦奋斗的光辉见证，其历史永远值得我们铭记与传承。

《延安，我把你追寻》这首诗歌还警示今天的人们，在社会主义现代化建设的新时代，延安精神依然是我们重要的精神支柱，需要不断传承和发扬光大。

这首诗歌不仅是一篇文学作品，更蕴含着历史、人文、地理等多方面的内容，值得我们反复诵读。

接下来，就让我们到拥有悠久历史的陕西去游学，亲自探寻窑洞的建造特色，参观兵马俑坑震撼而宏大的场面，以及感受距今千年的盛唐文化辉煌。

游学方向 1

窑洞为什么这么有特色？

你听说过窑洞吗？它是一种中国传统的民居建筑形式，也是陕北黄土高原地区的特色建筑，这种独特的建筑形式在中国的历史上已有数千年的历史。那么，窑洞和我们平时住的房子有哪些不同呢？

陕西省北部的大部分地区，位于黄土高原之上，这里的黄土层非常厚，厚度可以达到几十米。那里的人们真是太聪明了，他们巧妙地利用了黄土又厚又黏的特点，直接在土层中间挖掘洞穴，建成了自己的住所——这就是我们常说的"窑洞"。

具有数千年历史的特色民居——陕北窑洞

在陕北的一些地方，比如延安、榆林等，你可以看到各种各样的窑洞。一般来说，窑洞有三种比较常见的类型：靠崖式窑洞、下沉式窑洞和独立式窑洞。

靠崖式窑洞，也被称为靠山窑，这种窑洞类型是最为常见的一种。它们通常建造在黄土山坡的边缘，通过在天然土壁内开凿横洞而成，往往数洞相连，或上下数层，内部多为拱形结构，底部多为长方形。

下沉式窑洞则是在平地掘出一个正方形或长方形的地坑，再在内壁开凿窑洞，形成一个向下的地下四合院，这种设计使得窑洞冬暖夏凉的效果更为突出。

独立式窑洞，又被称为"箍窑"，虽然在严格意义上不属于传统的窑洞，但通常是以砖或土坯在平地上仿窑洞的形状建成的洞形房屋。它保留了窑洞冬暖夏凉的优点，同时不受地形的限制，可以灵活地与其他建筑或独立式窑洞组合到一起，形成一个整体的居住或生活空间。

建在黄土崖壁上的靠崖式窑洞

窑洞门和窗的设计充分
体现了建造者的智慧

　　由于窑洞建造时利用的是周围的土壤和岩石，有效减少了山体滑动的风险，因此结构非常坚固，它还有另一个超级棒的功能，就是可以保持室内的温度恒定，就像房间里开了空调一样。所以，不管外界环境如何变化，住在窑洞里的人都能享受舒适的环境。

　　仔细观察你会发现，很多窑洞都有一个共同的特点，那就是不仅和门并列安装了低窗，门的上方还安装了高窗，而窑洞里的炕则紧邻门窗而建。为什么会这样设计呢？

　　原来，这样设计有两大好处：首先，当太阳升起，窑洞就能得到很多的阳光，妇女们可以坐在炕上舒舒服服地缝制衣服；其次，炕旁边的窗户可以让烧火炕所产生的烟气更快地排出去，这样屋子里的空气就会更清新啦！

　　当然，建一个窑洞也不是那么容易的事情。要想让窑洞稳固，就必须考虑土地的承载能力，还要注意防范地质灾害的威胁。所以，建窑洞需要特别小心，既要确保窑洞能长时间地使用，同时还要避免破坏自然环境。

选一选：下面关于陕北窑洞的说法，有一个是不正确的，你能把它挑出来吗？

A. 陕北窑洞是农耕文化的象征。
B. 陕北窑洞具有保温性好、维护成本低的特点。
C. 陕北窑洞的屋顶通常用瓦片制成，具有很好的防雨性。
D. 陕北窑洞历史悠久，最早可以追溯到新石器时代。

中国当代著名作家路遥
在延安的故居

　　窑洞不仅仅是一种民居住宅形式，也体现出陕北地区人民的生活方式和文化传承。窑洞内的摆设、装饰和布局都很有陕北特色，真希望你早点来看一看。
　　对了！千万别忘了，延安的窑洞在中国历史上扮演过重要角色，它见证了中国共产党和红军艰苦奋斗的光辉历程。因此，也可以说窑洞是新中国建立的一大功臣！

游学方向❷

兵马俑的身上藏着哪些秘密？

离开延安，让我们来到陕西的省会西安，这里有很多值得游学的地方。被联合国教科文组织列入《世界遗产名录》的秦始皇兵马俑，就在西安。

在陕西省西安市临潼城东约5千米的地方，就是中国历史上第一位皇帝——秦始皇（公元前259—公元前210年）的陵寝，而兵马俑是秦始皇陵的一部分，是秦始皇为了守卫自己的陵墓而制作的大型军事模型阵列。

闻名于世的
秦始皇兵马俑

兵马俑曾被掩埋在地下超过2200年

秦兵马俑是由成百上千个陶制的士兵、战车、马匹等组成。这些雕塑形态各异，栩栩如生，好似真人一样。那么，这些"生活"在地下世界的兵马俑，是怎样被人们发现的呢？

这其中有个有趣的经历。1974年3月，临潼县（现为西安市临潼区）的一个农民叔叔在打井找水时，意外地发现了几个破碎的陶俑。这些陶俑与真人大小一样，它们是用泥土烧制而成的！

这位农民赶紧把他的发现告诉了当地的政府，紧接着，考古工作者们相继赶往这里。经过发掘，他们惊奇地发现，地下竟然"驻扎"着一支庞大的军队。

选一选：秦始皇在位期间，除了修建秦始皇陵以外，还推动了哪些大的历史事件，请你在认为正确的答案下面打"√"。

张骞通西域	修建长城	焚书坑儒	黄巾起义	赤壁之战	统一度量衡	商鞅变法
（　）	（　）	（　）	（　）	（　）	（　）	（　）

对兵马俑的挖掘和复原是一项巨大的工程

129

在考古队工作人员的不断勘探和挖掘下，这些被埋在地下超过 2000 年的兵马俑，终于重见天日。

随着进一步的挖掘和研究，人们终于恍然大悟。原来，这些"土人土马"是秦始皇陵附近一座巨大的地下"军事基地"。这些陶俑是当时的士兵和战马的复制品，为了陪伴和保护秦始皇，使其在地下得到安宁。

今天，在秦始皇陵已经发现了三个主要的兵马俑坑，分别是一号坑、二号坑和三号坑，总面积超过 20000 平方米，足有 3 个标准足球场那么大！更让人惊奇的是，这三个兵马俑坑共出土了约 7000 件陶俑、600 多匹陶马和百余乘木质战车等文物。

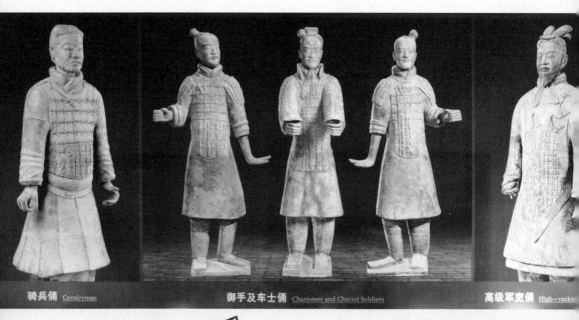

骑兵俑 Cavalryman　　　　　御手及车士俑 Charioteer and Chariot Soldiers　　　　　高级军吏俑 High-rankir

形态各异、不同等级和编制的兵马俑

你知道吗？这些兵马俑是仿照秦朝当时真正的军队制作的，涵盖了步兵、骑兵、弩兵、战车兵、军吏、将军等多种角色。每个兵马俑均身着他们独特的服饰，配备相应的装备，还分别摆出了各自特有的战斗或待命姿势。通过研究兵马俑，我们可以看到秦朝时军队的部分"原貌"。

令人惊叹的是，不同的兵马俑，面部特征也各不相同，有的圆脸、有的方脸、有的长脸、有的短脸，有的鼻高，有的鼻低，有的眼大、有的眼小。它们的表情也各不相同，有的笑容可掬、有的神情严肃、有的目光炯炯、有的眉头紧锁，展现了不同的性格和气质。是不是很酷！

精湛的制作技艺赋予了兵马俑丰富的表情

仔细观察你会发现，每个兵马俑的头发、胡子，连衣服和鞋子上的小细节都被雕刻得很精致。你知道吗？有的兵马俑的鞋子底下甚至还有很多针线印呢，体现出了秦朝工匠们高超雕塑技艺水平。

这些兵马俑被烧制完成后，工匠们还给它们涂上了五颜六色的彩绘，让它们看起来更加生动活泼。彩绘运用了多种颜料，如赭石红、朱砂红、雌黄、铜绿、花青等，这些色彩让兵马俑们更透出艺术感，它们简直就像一件件艺术品！

刻画得惟妙惟肖的马俑

131

　　古代工匠给兵马俑上色是非常有讲究的，头发通常为黑色或深棕色，衣服多为红色或紫色，身上披的盔甲为绿色或蓝色，而武器则多呈银色或金色等。

　　然而，遗憾的是，经过地下长达两千余年的时光侵蚀，这些颜料已经有了不同程度的褪色，而在兵马俑出土后，由于与空气接触发生氧化反应，颜料脱落的速度惊人。因此，我们今天看到的兵马俑，颜色基本都接近泥土的本色了。

令人震撼的
兵马俑一号坑

　　可以说，兵马俑坑是中国历史上最大、最完整的帝王陪葬坑之一，不仅是中国古代雕塑艺术的杰作，更是世界雕塑史上的奇迹。通过研究这些兵马俑，我们可以知道秦朝时代的很多事情，就像打开了一个神奇的历史宝箱。所以，兵马俑不仅仅是好看的雕塑，它还向我们展示了很多关于中国古代的历史事实。

　　时至今日，兵马俑的考古及文物复原工作仍在持续进行中，相信在未来，会有更多的重要发现被考古学家们找到。

游学方向3

在古都西安寻找盛世大唐

　　来到被誉为"十三朝古都"的西安游学，你不仅能够近距离观摩秦兵马俑，还能在这里探寻到盛唐的文化精髓，感受到中华文明的博大精深。

　　唐朝是中国历史上最辉煌的时期之一，也是中华历史文明中鼎盛的阶段之一。西安，作为唐朝的古都，当时名为长安。是全球最大、最繁荣的城市之一。长安还是"丝绸之路"的东方起点，汇聚了来自世界各地的商人、学者和僧侣，共同编织出一幅热闹非凡的历史画卷。

西安的标志性建筑
——钟楼

在唐朝鼎盛时期，长安到处洋溢着艺术气息。宫殿、寺院、园林无不彰显着卓越的建筑艺术，绘画、雕像、诗歌和音乐百花齐放，使长安成为东方的一颗璀璨明珠。

虽然唐朝距今已经灭亡上千年，但在古都西安，我们还能寻找到很多历史的痕迹。尽管有的建筑不在了，或者变得不完整，但还有很多宝贵的文化遗产保存了下来，它们如同胶囊里的宝物，让我们从中能够看到昔日的大唐盛世辉煌。那么，我们应该去哪里寻找这些宝藏呢？

填一填： 西安被称为"十三朝古都"，那么除了唐朝，你知道西安还是哪些朝代的古都？

我知道，西安还是 _____
_____ 这些朝代的首都。

一、大雁塔

高度将近 65 米的大雁塔一共有七层，耸立于西安市南部的大慈恩寺内，它是中国唐代建筑艺术杰出代表之一。唐朝有一位著名的高僧玄奘，他为了学习佛教，从西安出发，越过高山大河，到达印度。从印度取经回来，为了保存经书，主持修建了这座大雁塔。从塔顶俯瞰，整个西安城尽收眼底，仿佛能穿越时空，看到当年大唐的繁华景象。

大雁塔展现了唐朝佛教建筑之美

二、大明宫

大明宫是唐朝的政治中心和国家象征，先后有 17 位唐朝皇帝在这里处理朝政，共持续了 200 多年。它的面积是北京故宫的 4 倍多，可以想象当时唐朝的强大和辉煌。漫步于古老的石板路上，你会看到一些残垣断壁，那是当年的皇宫。虽然大明宫里的地面建筑多已不在，但其宏大的历史氛围仍让人深感震撼。

连一连：中国历史上有很多著名的宫殿，你都知道是哪个朝代建造的吗？

故宫	汉朝
阿房宫	明朝
未央宫	隋朝
太极宫	秦朝

大明宫国家遗址公园丹凤门

今天的大唐西市将传统文化
和现代商业完美结合

三、大唐西市

　　作为当时国际化贸易的中心，西市可是长安最繁华的地方。如今，为了保护和展示西市的历史、文化、商贸和民俗等，在原西市遗址上建设了大唐西市博物馆。在这里，你能看到很多宝贝，像古老的丝路古币、精美的唐代手工艺品等，由此能了解到唐朝普通百姓和达官贵人们的生活。

四、大唐芙蓉园

　　如果你想体验唐朝皇家园林的风采，那来大唐芙蓉园就对了！它是中国第一个全方位展示盛唐风貌的大型皇家园林式文化主题公园，占地面积达1000亩，其中水域面积约占三分之一。大唐芙蓉园有14个景观文化区，从建筑、餐饮、歌舞、音乐、民俗等多个角度，对唐朝的灿烂文化进行了生动演绎和全面再现。

大唐芙蓉园完美"复刻"了
唐朝皇家园林的风貌

热闹非凡的
大唐不夜城

夜晚来临，不妨穿上汉服，到雁塔区的大唐不夜城逛一逛、玩一玩。这是一条以盛唐文化为背景的超大步行街，这里灯光绚丽，热闹非凡。置身其中，就像坐上了时光机，穿越回那个繁华的大唐时代。

你想不想做一个时光旅行者，到距今上千年前的唐朝去冒险呢？那就来西安吧！

游学方向 4

陕西美食是如何形成的？

陕西像一本厚重的历史故事书，里面充满了动人的历史传奇故事和丰富多彩的文化景象。这里不只有兵马俑、大雁塔，还有很多美食呢！

肉夹馍的故乡
就在陕西

在这里，吃不仅仅是为了果腹，更是一种传统文化的体现。陕西菜在全国范围内可谓是大名鼎鼎，不仅味道独特，而且技艺精湛。但要说陕西美食里最有特色的，那当然是他们的面食啦！

这里有久负盛名的羊肉泡馍、香喷喷的肉夹馍，还有滑溜溜的油泼面、热乎乎的臊子面、超级宽的 biáng biáng 面以及爽口的凉皮。这些面食不仅味道好，而且营养丰富，大人小孩都喜欢。

当我们一边欣赏当地风土人情，一边享受陕西面食的时候，你有没有想过，为什么陕西人这么喜欢吃面食？其实，这是由陕西的地理和气候特点决定的！

陕西特色美食
——臊子面

陕西北部地处黄土高原上，那里的土壤和气候不太适合种植水稻，但特别适合培育小麦。所以，陕西人主要用小麦做主食，比如馍和面条，并不断改良这些面食的口味，发展出了现在这么多种美食。

选一选： 陕西有一种风味面食，因形状比较宽，俗称"裤带面"，此外它还有一个名字，你知道这两个字念什么吗？

A. biáng biáng

B. bián bián

C. pián pián

D. pià pià

139

陕西菜还非常多元！比如陕北地区，那里的人特别喜欢吃牛羊肉，你知道为什么吗？那是因为他们的邻居——内蒙古和宁夏，都有这样的饮食习惯，由此流传了过来。所以，到了陕北，你可以吃到很多以牛羊肉为食材的美食。

再往南走，到了关中地区，那里明显有中原地区的饮食风格，人们非常喜欢吃豆制品和各种面食，比如豆腐脑、擀面皮和臊子面等。

流行于陕北的美食
——羊杂汤

到了陕南，饭菜的味道则与四川、湖南相近，主食中大米的比重会增多，那里的特色是用米酒和糯米做的食物，比如软软的糍粑等。

你可能想不到的是，陕西美食的形成还和丝绸之路有关。古时候，陕西是丝绸之路的东方起点，很多外国的朋友都会从那里经过。特别是长安，那可是大唐的都城呢！许多来自世界各地的美食和制作方法在这里生根发芽，丰富了陕西的美食文化。据传，那超级有名的羊肉泡馍，灵感就是源于波斯饮食！

羊肉泡馍是陕西
代表性的美食

陕西美食不仅仅是一种口味的传承，也是一种文化的传承，承载着很多古老的、有趣的故事。

比如，有一种叫石子馍的传统面食，已有上千年的历史。它的做法很特别，是把面放在加热的小石头上烤制而成。还有臊子面，唐代的王子王公们过生日时，都喜欢吃这种面，因为它象征着好运和长寿。

你吃过甑糕吗？这个颇受欢迎的甜点，原来是西周时期王子们的专属零食，而锅盔更有趣，在秦国，士兵出征时，锅盔除了用来吃，还用来做护具。

陕西特色小吃
——甑糕

陕西的美食真可谓是最有历史文化感的地方美食。吃这些美食就像开启了一扇古老的门，带我们进入了一个神奇的历史旅程。下次当你品尝陕西的小吃时，记得不要只单单感受其中的味道，不妨多一份探寻的心情，让味蕾与心灵一同沉醉于这厚重的历史与文化中。

陕西西安与延安游学方案

游学时间： 4 天

游学主题： 发掘古都秘境、体验大唐文化、探索古代秘密、
品味陕西风味

第 1 天：西安市区游览——寻找盛世大唐的足迹

大雁塔游览： 探索大雁塔的历史与文化，了解
其在古代的重要地位。

大明宫探秘： 走进大明宫，感受大唐盛世
的繁荣。

大唐芙蓉园： 体验大唐时期的园林艺术，
欣赏古代建筑风格。

夜晚自由活动： 在西安市区感受古都夜
景，品味西安美食。

第 2 天：参观兵马俑与博物馆——历史的深度探访

参观兵马俑： 近距离观赏秦始皇陵
兵马俑，了解其背后的历史故事。

陕西博物馆学习： 探索陕西的历史
文化，感受古代艺术的魅力。

大唐不夜城： 体会大唐夜晚的繁华，
观赏具有大唐风情的艺术表演。

兵马俑手绘
示意图

第 3 天：华山之旅——体验自然与历史的交融

华山徒步：爬华山，感受大自然的壮美。
历史学习：了解华山在中国历史中的重要地位，探寻华山历史传说。
山间探险：在华山中寻找特色植物和动物，了解它们的生态特点。

第 4 天：红色记忆之旅——参观延安革命根据地

枣庄窑洞体验：了解窑洞的建筑特点，体验其独特的生活方式。
杨家岭革命旧址：重温中国革命历史，了解党的光辉岁月。

小贴士

❶ 携带适合多种气候的衣物和装备，特别是在攀爬华山时。

❷ 随时携带水和食物，尤其在山中和参观景点时。

❸ 在参观历史遗迹时，请保持安静，注意保护文化遗产。

❹ 尊重当地的文化和习俗。

❺ 具体的游学时间和行程可根据实际情况进行调整。

《故宫博物院》

从故宫"寻宝"到老北京小吃

　　《故宫博物院》是人教版小学六年级语文课本上的一篇课文，确切地说，它是由四部分材料组成，介绍了北京故宫博物院里的一些重要场所和有趣的典故。

　　在这篇课文中，材料一是一篇说明文，文章沿着故宫的中轴线，按照由南向北的顺序对故宫主体建筑如正门、三大殿、后三宫等进行了介绍，让人对故宫博物院的总体布局和建筑风格有一个较为清晰的了解。

　　材料二讲述了一个有关太和门的故事。光绪皇帝大婚前一个月太和门被烧毁，为了不影响大婚，请了无数能工巧匠在短时间内用扎彩棚的形式重建了太和门，由此赞美了古代劳动人民的智慧。

　　材料三是一张故宫博物院官网的图片，介绍了故宫的地位和价值以及游览路线。

　　材料四是一张便于游客规划旅行线路的故宫博物院平面图。

　　故宫博物院就是故宫，它是中国明、清两代皇帝的皇宫，依照中国古代星象学说，紫微垣位于北天中央，乃天帝所居，天人对应，所以为了凸显故宫尊贵和神圣的地位，又被称紫禁城。

　　接下来，让我们跟着这篇课文，到祖国的首都北京进行游学，相信下面这4条游学线路一定会让你收获满满。

位于北京城中心的
故宫博物院

游学方向 ①

到故宫博物院去"寻宝"

　　故宫的总面积超过了 70 万平方米，里面有超过 70 座大大小小的宫殿和超过 8700 个房间。你知道吗？在全世界范围内，故宫是规模最大、保存最完整的古代宫殿。

　　在 1406 年，明朝的皇帝明成祖朱棣决定在北京建造一个巨大的宫殿，就是现在的故宫。数以万计的工匠在这里忙碌地修建，整整 14 年后，到了 1420 年，这座宫殿终于建好了。后来，在 1987 年，故宫被列入《世界文化遗产》名录，成为备受赞誉的文化遗产！

选一选：故宫经历了明清两朝，你知道这其中有多少位皇帝在这里住过？

A. 20 位　　　　B. 14 位　　　　C. 24 位　　　　D. 19 位

故宫是当之无愧的世界文化遗产

故宫的整体布局很有讲究。左边是祭祀祖先的太庙，右边是拜祭土神和谷神的社稷坛，这种格局被称为"左祖右社"。

在故宫里面，则遵循"前朝后寝"的布局，也就是说，故宫的前面是皇帝上朝理政、举办典礼的地方，后面是皇帝与后妃们生活居住的地方，还有御花园等供皇室成员游玩之用。简单来说，故宫内分为两个区域：一个是皇帝工作的地方，另一个是他生活的地方。

除了外朝和内廷，故宫还有外东路和外西路两个特别的区域。这些区域的建筑让故宫的整体布局更为严谨和庄重，也可以帮助我们更好地了解古代皇帝的生活。

乾清宫正殿宝座和清顺治皇帝亲笔题写的"正大光明"牌匾

再告诉你一个小秘密，故宫的建筑色彩也有特殊的含义哦！在故宫里，我们最常看到的主要是红色和黄色。红色在中国代表着吉祥好运和快乐，同时也被认为有防火和驱邪的作用，而黄色则是古代皇家的专属颜色，代表了尊贵。每次你看到这些颜色，都可以想象到古代的皇家是多么的威严和庄重！

黄色的琉璃瓦代表皇帝至高无上的地位

抬头看，故宫的屋顶上都是黄色的琉璃瓦，体现了皇帝至高无上的地位。除了红色和黄色，故宫的建筑也运用了绿色、蓝色和紫色等醒目的颜色，这种巧妙的运用在建筑中形成了鲜明的对比和衬托效果，增加了建筑的美感和层次感。

你知道吗？故宫现在叫故宫博物院了，里面收藏了许多文物艺术品，总共有超过180万件宝贝呢！其中有些宝贝特别珍贵，是名副其实的国宝！所以，当我们去故宫博物院的时候，不仅可以看到那些美丽的建筑，还可以玩一个有趣的"寻宝"游戏！

北宋画家张择端的经典画作《清明上河图》（局部）

故宫博物院里面收藏的文物种类极为丰富，其中有众多书画藏品，你可以想象一下，这里有超过5万幅珍贵的绘画作品，这些传世名画中，有一些是珍品中的珍品，比如《清明上河图》和《五牛图》，还有《韩熙载夜宴图》。这些画仿佛具有魔法，能带你回到千百年前的中国古代。

唐代韩滉创作的《五牛图》

除了有很多中国古代的名画，故宫博物院还收藏了很多来自其他国家的绘画，比如日本的浮世绘和欧洲的油画。这些国外绘画作品不仅为故宫博物院增添了国际化的色彩，也展示了中外艺术交流的历史和成果。

还有，你知道吗？书法在中国传统文化中可是非常重要的艺术形式！故宫博物院也收藏了超多的书法作品，有75000多件（套）呢！其中，最为著名的有《兰亭序》《伯远帖》和《中秋帖》等。这些书法作品不只是好看，还展示了中国书法的高水平。所以，当你去故宫游学的时候，记得也要去欣赏这些书法作品哦！

唐朝冯承素摹东晋王羲之《兰亭序》卷

选一选：说到书法，中国古代的书法家众多，其中有四位著名的楷书书法家，你知道是哪四位吗？

A. 欧阳询、颜真卿、柳公权、赵孟頫
B. 王献之、欧阳修、欧阳询、柳公权
C. 王羲之、颜真卿、王献之、赵孟頫
D. 王安石、欧阳询、柳公权、王珣

当然，故宫博物院可不只是有绘画和书法，这里藏着好多古老的宝贝，比如先秦时期的铜器，明清时期的瓷器、玉器和家具，各种皇家宫廷用具、珠宝盆景、古籍善本等。最让人吃惊的是，这里竟然还有上千件大大小小的西洋钟表，保证让你看得眼花缭乱！

不管你喜欢哪一种古老的艺术品，或是对哪个时期的故事好奇，故宫都能满足你。故宫博物院就像是一个巨大的宝库，里面藏着中国的古老智慧和创意，也是世界文化遗产的瑰宝。

故宫不仅展示了古代皇家的气派，更展现了中国古代的文化和艺术成就。它真是我们中国人的骄傲呢！

游学方向 2

古人是如何修建长城的?

俗话说"不到长城非好汉",长城是中国古代最著名的军事防御工程,不仅是世界文化遗产,还堪称世界建筑史上一大奇迹。你一定很好奇,长城是如何修建的呢?

连一连: 长城是中国的地标性建筑,那么你知道其他国家的地标性建筑是什么吗? 试着连一连。

法国

美国

英国

印度

埃及

意大利

长城宛如一条矫健的巨龙

长城就像一条巨大的蛟龙蜿蜒在中国北方。从东边的山海关开始，一直延伸到西边的嘉峪关，跨越过了15个省（自治区、直辖市），全长超过2.1万千米，所以人们叫它"万里长城"。

由于年代久远，早期各个朝代的长城大多数都残缺不全，保存得比较完整的是明代修建的长城，所以人们一般说的长城指的是明长城。

如果你在北京，可以看到万里长城的一部分，它穿越了平谷、密云、怀柔、延庆、昌平和门头沟等区，总长度约为629千米。

在长城北京段，有1510座敌台，165座烽火台，141座城堡，31座关口，其中有相当一部分已经处于残破的遗址状态。从空中看，它是一个大大的半环形。长城北京段有很多著名的景点，比如八达岭、慕田峪等。想象一下，站在高高的长城上，看着远方的风景，有多么壮观！

长城最早的修筑可以追溯到西周时期，那个时候的国都叫作镐京（位于今天的陕西西安），而历史上著名的典故"烽火戏诸侯"，正是出自这一时期。在春秋战国时期，各诸侯国相互争霸、相互防守，长城的修筑达到了第一个高峰。不过那时的长城和现在我们看到的不一样，它们通常比较短。

北京的八达岭长城

长城在选址上巧妙地
借助了地形的优势

　　等到了秦朝的时候，秦始皇决定扩建和连接各个诸侯国的长城，使其变得更长，这样更能保护自己的国土，于是就有了我们今天说的"万里长城"。不过，你现在看到的长城，大部分是明朝时期修建的，而北京的长城，也是以明长城为主体。

　　如此庞大的工程，你有没有想过它是怎么建成的？为什么会选择在山岭上修建？建造它的时候，工人们又用了哪些聪明才智和科学方法呢？

　　长城是怎么选地方建的呢？其实，古代人在修建长城时要考虑得非常全面。他们会综合地形、天气，还有敌人攻击等各方面因素。为了让长城更安全，长城通常会选在山上、河边或者峡谷旁边修建，这样敌人就不容易攻进来了，就像大自然给了一个超级安全的屏障！

　　不仅如此，长城上还有一些特别的建筑，比如关隘、城堡和烽火台等，都是用来加强守卫的。这样，当有敌人来的时候，士兵们就可以及时发现，并且互相传递消息。

在建造技术上，长城的建设方法也在不断进步，从秦朝到明代，长城的修建技术和方法被不断完善，这让长城变得更加坚固，防御力更强。

古人在修建长城时，使用了很多种材料，比如土、石头、砖和木头等。而且，在不同的时代和地区，古人会选用最适合的材料。

比如在很早以前的秦汉时期，长城是用夯土法来建的。什么是夯土法呢？简单来说，就是一层层地把土砸紧，并放进稻草和麻絮，这样城墙就会更加坚韧，也不怕地震。这种方法省时省力，但也有一些客观的问题——长城容易被风化和侵蚀，经不起时间的考验。

采用砖砌法修筑的城墙

长城的修建凝聚了无数劳动人民的心血

随着时间的推移，人们的建筑技术得到了发展，到了明代，长城主要是用石头和砖头来建的。用这些材料建的长城不仅漂亮，还很结实，能够经受住风化和侵蚀的考验。为了让长城的墙体更紧密，工匠们还使用了糯米灰浆作为黏合剂，真是太有创意了！

你可能想不到的是，木材在长城修建中也起了很大作用。木材通常被用来做模板、支架和梯子等工具，还被用来建造一些栈道等设施。有了材料和建筑科学的完美结合，长城才能真正地屹立于东方。

中国传统风格的长城绘画

填一填： 中国古代有很多和长城有关的诗词，比如下面的诗句，你能帮着填完整吗？

秦时明月汉时关，＿＿＿＿＿＿＿＿＿＿。

＿＿＿＿＿＿＿＿＿＿，西出阳关无故人。

羌笛何须怨杨柳，＿＿＿＿＿＿＿＿＿＿。

游学方向 3

明清两代皇帝是如何祭祀的？

北京不仅有故宫和长城，还有四个有特色的地方。它们的名字很有意思：天坛、地坛、日坛、月坛，是中国的"四大名坛"。听名字就像是天上的星星和地上的宝石一样神奇。那么，这四大名坛究竟是干什么用的呢？

公元1421年，明朝皇帝明成祖朱棣，正式完成了从南京迁都北京的大计，从此，北京就成了明清两个王朝的都城。所以在这里，你可以探寻到很多古代皇帝的生活习惯和宫廷活动的遗迹与背后的故事。这四大名坛，就是皇帝用来祭祀天地、祈求国泰民安的场所，不过它们又各不相同。

北京天坛公园红墙内的祈年殿

顾名思义，天坛是皇帝用来祭祀天神的地方，在每年的冬至日，皇帝会在天坛的圜丘上举行盛大的仪式；到了春季的时候，皇帝会在祈谷坛上举行祈谷大典，祈求庄稼丰收；当遭受旱灾时，皇帝也会在圜丘上举行大典，来祈求雨水的降临。

而地坛呢，是皇帝用来祭祀地神（也被尊称为"皇地祇"）的场所。在夏至日时，皇帝会在地坛中央的方丘上举行祭祀仪式，向地神献上祈福和感恩之情。

地坛是皇帝用来祭祀地神的场所

日坛是皇帝用来祭祀太阳神（也被尊称为"大明之神"）的地方。在春分日太阳升起之时，皇帝会在日坛的圜丘上举行盛大的仪式，以表达对太阳带来温暖和生命力的感激之情。

当然，除了祭日也要祭月，月坛就是用来祭祀月亮神（也被尊称为"夜明之神"）和天上诸星宿的地方。皇帝通常会选择在一些特殊年份的秋分日时祭祀月神，并在月坛的圜丘上举行仪式。

猜一猜：封禅也是中国帝王祭祀天地的大型典礼，宋朝之前的帝王会选择他们认为离天近的高山上举行。你知道他们选择次数最多进行封禅的山是哪座山吗？

A. 嵩山　　　B. 泰山　　　C. 峨眉山　　　D. 黄山

四大名坛中最为著名的，当属位于北京永定门内的天坛。天坛不仅是一个超大的古代建筑群，还被认为是宝贵的世界文化遗产，每年都有来自中国各地和世界各地的人去那里参观。

天坛最早建于 1420 年，最初被称为"天地坛"，但到了 1530 年，它改名为"天坛"。明清两代的皇帝在这里祭天、祈谷、祈雨，希望天上的神仙能够给人间送来好的天气使粮食丰收。天坛不仅拥有丰富的历史故事和建筑艺术，里面还藏着很多有趣的传统文化。

天坛有两道坛墙，把天坛分成了内坛和外坛两个部分。外坛的墙周长为 6553 米，比 16 圈 400 米的标准跑道还要长；而内坛的墙周长为 4152 米，虽然比外坛少了不少，但还是很长，跑上一圈都有可能累趴下呢！

天坛已有超过 600 年的历史

通过祈年门就可以到达祈年殿

天坛祈年殿九龙藻井，
象征着宇宙中的"天"

天坛的古建筑主要集中在内坛区域。内坛有一个东西向的隔墙，将其分成了南和北两个区域，中间有门可以互通。

天坛的内坛有圜丘坛、祈谷坛和斋宫三个核心的古建筑群。祈谷坛在北边，圜丘坛在南边，斋宫则在内坛的西边。此外，还有一座长360米、宽28米的石桥，叫作丹陛桥，连接着圜丘坛和祈谷坛。

天坛的建筑设计才是精华！建筑群里面不仅融合了很多数学的知识，还展现了古人对于天地宇宙的思考。

往上看！天坛古建筑内的顶部多采用圆形设计，这象征着宇宙中的"天"，例如祈年殿顶部的九龙藻井。

为了体现天空的色彩和光辉，天坛的建筑常常选择蓝色琉璃瓦和金色装饰，使建筑充满活力。此外，红色围墙和石栏的使用，在传达皇家尊贵和庄严的同时，也赋予了建筑独特的魅力。而为了追求秩序和平衡，天坛建筑的布局通常以对称为主。

蓝色的琉璃瓦代表着
天的颜色

更有趣的是，天坛当时的建造者还利用了声波的反射，创造出回音壁和三音石等奇观，体现了人与自然之间的紧密联系，彰显出天人合一的哲学思想。要知道，天坛修建于600多年前，那时的工匠们就运用物理学的原理来创造出各种景观，真是一件不可思议的事啊。

那么明清皇帝是如何在天坛举办祭祀活动的呢？根据历史记载，皇家的祭祀活动是非常注重仪式和礼制的。

来到天坛一定要感受一下回音壁

按照传统，皇帝必须先在宫里斋戒三日，并按照指定的时间、地点、方向做出各种仪式动作。随后，在祭祀过程中，还要配合乐舞、礼器，皇帝需穿着特定的服饰。

这一庄严的仪式有大量的人员参与，包括文武百官、乐舞团队和卫队士兵等，当然也会消耗和使用大量的财物，如牲畜、粮食、金银玉器等。天坛的祭祀活动如此庄严隆重，展示了古代中国皇权的威严。

天坛是明清皇帝祭天和祈求丰收的场所

游学方向 4

北京小吃为何如此丰富？

北京是中国的首都，既是一座举世闻名的现代化城市，同时也是一座历史悠久的文化名城。这里都有哪些有趣的民俗文化呢？就让我们去了解一下吧！

胡同，是北京老城区的一大民居特色

北京是一座历史悠久的城市，可以追溯到约 3000 年前的西周时期。北京城在历史的发展过程中，仍然保留了自己独特的传统文化和风俗，这些文化传统既是这座城市魅力的体现，也是中华文化的重要组成部分。

比如北京的方言，就很有特色。虽然北京话和普通话十分接近，但是北京人说话时会有一些特别的音调和词汇，这就是北京方言。最典型的，就是北京话里的"儿化韵""儿化音"，像"花儿""玩儿"这样的词，听起来让人感觉特别风趣和亲切，让北京话变得很有魅力，也让人们更想去了解这个古老的城市！

在语言的基础上，北京的传统曲艺也非常丰富，如评书、相声等。当然，说到北京，不能不提到京剧啦！京剧形成于北京，它吸收了一些地方的戏剧艺术成分，京剧表演继承了昆曲和秦腔等众多剧种的艺术成果。京剧距今已经有200年的历史了，那些漂亮的服装、独特的韵味和舞台表演，真的很棒，所以也被称为"国粹"，被视为中国传统文化的瑰宝。

"国粹"京剧是北京地方曲艺的代表

连一连：京剧中人物脸谱颜色有很多，不同的颜色代表着不同的人物性格，也各有着代表人物。下面你就来连一连吧。

红色	阴险狡诈	窦尔敦
白色	正直无私	曹操
黑色	刚强、暴躁	包拯
蓝色	忠勇侠义	关羽

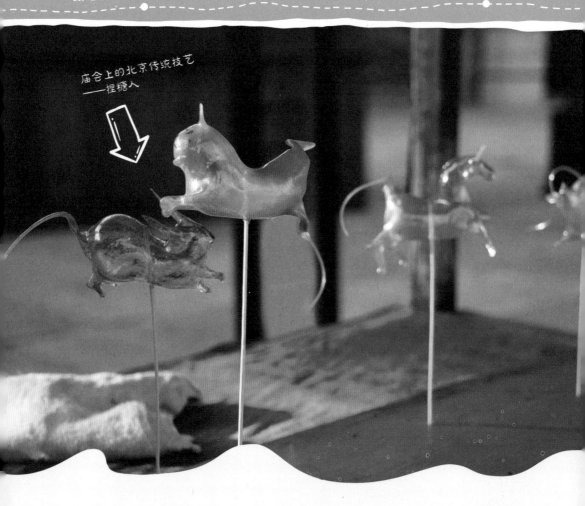

庙会上的北京传统技艺
——捏糖人

在北京，还有一个特别有意思的传统，就是"逛庙会"。庙会最初是指在寺庙边上的市集，因此得名"庙会"，后来，庙会越办越大，逐渐成为独特的民俗活动。特别是到了春节，北京的很多地方都会举办庙会，人们欢聚在一起，希望新的一年好运连连，生活越来越好！

当然，最能代表北京传统风俗文化的，还得是那些种类繁多的北京小吃。你知道吗？北京传统小吃的历史可以追溯到明清时期，甚至更早。

清代所著的民歌鉴赏辞典《都门竹枝词》中写道："三大钱儿买甜花，切糕鬼腿闹喳喳，清晨一碗甜浆粥，才吃茶汤又面茶；凉果糕炸甜耳朵，吊炉烧饼艾窝窝，叉子火烧刚卖得，又听硬面叫饽饽；烧麦馄饨列满盘，新添挂粉好汤圆……"这段民歌表明，北京一直以来都以其丰富多样的风味小吃而闻名。

北京传统特色小吃的形成，也和北京作为都城的地位有关。在历史上，辽、金、元、明、清五朝都在北京建都，吸引了大量的汉、满、蒙、回等各族人民在此定居。正因如此，北京在饮食上也充分体现出荟萃百家的特点。

另外，由于明清两代的皇家都在此生活，所以北京的传统小吃中，还有一些是从宫廷流传出来的，特别是样式精美的糕点，你或许能够从中感受到一丝皇家的韵味。

不同民族文化的融合汇聚促进了
北京小吃的发展

颇有宫廷风格的传统小吃
——豌豆黄

具体来说，我们可以把北京小吃分成"五大队伍"。首先是"炸烙烤队"，这些小吃金黄酥脆，像焦圈和奶油炸糕，好像每吃一口它们都在歌唱！

然后是"黏货队"，它们软软甜甜的，主要原料是米面，还有豆沙和白糖。艾窝窝和驴打滚都在这个队伍里，特别受小朋友的喜欢！

接下来是"流食队"，以汤汤水水为主，或清爽或浓郁，尤其在夏天，喝上一口就可以驱走炎热！豆汁和茶汤都在这个队里。

北京传统小吃的代表之一——驴打滚

北京传统小吃的代表之一
——老北京爆肚

　　还有"肉食队"呢，主要包括各种肉类美食，像烤鸭、爆肚和羊汤杂碎等，吃起来香香的，很是美味。

　　最后是"蒸煮队"，这些小吃大部分是用面做的，还有各种馅料和果料。花糕和碗糕都在这个队里，意味着蒸蒸日上，好吃又寓意吉祥！

圈一圈：除了小吃，北京也有很多特色菜。下面这些菜品当中，哪几个不是北京特色菜呢？请你圈出来吧。

北京烤鸭　　宫保鸡丁　　蟹黄豆腐　　麻婆豆腐　　京酱肉丝

梅菜扣肉　　炙子烤肉　　抓炒鱼片　　炒合菜　　东坡肉

　　这些小吃不仅是美味的食物，还告诉我们许多北京的故事和各种有趣的文化。品味北京小吃，就好像在品味老北京的历史。这些小吃不只是北京的人喜欢吃，很多人来北京都会尝一尝。因为这些小吃，也代表了北京这座有文化底蕴的城市。

北京皇城与文化体验游学方案

游学时间： 5 天

游学主题： 探访北京皇家园林、勇攀长城、体验传统与现代
文化的交融。

第 1 天：故宫博物院与王府井——感受皇家历史与现代都市的碰撞

参观天安门广场： 参观这一世界上著名
的城市广场，了解其背后的历史和文化。

故宫博物院游览： 步入拥有 600 多年历
史的皇家宫殿，感受这里的帝王气息与
文化底蕴。

王府井步行街之夜： 漫步在这条融合了
古老与现代风格的商业街，体验北京的
繁华与夜生活。

第 2 天：八达岭长城——探访人类的伟业

长城征服： 沿着这部分长城行走，体验
古代建筑的奇妙与宏伟，同时了解建筑
背后的历史和文化。

北京美食体验： 晚餐品尝正宗的北京烤
鸭，体验北京的传统美食文化。

第 3 天：天坛与颐和园——体会皇家礼仪与园林艺术

参观天坛：参观皇帝祭天的神圣之地，了解中国古代的礼仪文化与建筑艺术。

颐和园游览：漫步在这座皇家园林中，感受中国古代园林艺术的魅力，同时了解皇家文化背景。

第 4 天：圆明园与什刹海——追寻历史的痕迹与都市的生活

圆明园遗址探访：了解这座曾经辉煌过的皇家园林的过去与现在，感受历史的变迁。

什刹海与胡同文化：漫步在北京老城区，体验胡同文化，感受北京的日常生活场景与民俗传统。

第 5 天：环球影城——畅游现代魔幻乐园

影城探险：在这座现代的主题公园中，体验电影的魔幻与创意，同时畅玩各种娱乐项目。

行程总结与分享：回顾这次旅程的所见所闻，分享各自的心得与感受。

小贴士

❶ 北京的气温变化较大，根据季节携带合适的衣物。

❷ 参观古迹时，请遵守管理规定，爱护文化遗产。

❸ 在品尝北京美食时，建议尝试一些传统的小吃，如炸酱面、豆汁、焦圈等。

❹ 与当地居民交流时，请尊重他们的生活习惯和文化。

❺ 具体的游学时间和行程可以根据实际情况和学生兴趣进行调整。

附：参考答案

《爬天都峰》 从黄山科考到古徽州的游学之旅

连一连：你知道上面提到的"五岳"是哪五座名山吗？

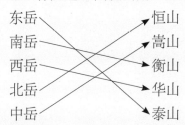

东岳   恒山
南岳   嵩山
西岳   衡山
北岳   华山
中岳   泰山

选一选：黄山的"五绝"是哪五绝？请在你认为对的答案下面画"√"。

奇松	瀑布	山泉	怪石	奇鸟
（√）	（　）	（　）	（√）	（　）

古道	温泉	云海	云杉	冬雪
（　）	（√）	（√）	（　）	（√）

猜一猜：仔细观察下图中这只鸟的特征，猜猜它的学名（答案就在前面我们所列的鸟名中）。

答案：红嘴相思鸟

连一连：炒制毛峰有四个重要步骤，分别是摊青、杀青、揉茶和烘焙。请你试着将这四步的名称和相对应的图片连一连线。

1. 摊青　　　　2. 杀青　　　　3. 揉茶　　　　4. 烘焙

想一想：你知道为什么他们会建比房顶还要高的墙吗？请在你认为正确的答案下面打上"√"（多选）。

防火	挡风	遮阳	装饰	防盗
（√）	（　）	（　）	（　）	（√）

圈一圈：徽派雕刻有四大神技，你知道都包括哪些吗？把它们圈出来吧。

（砖雕）　　玉雕　　　米雕　　（石雕）　　泥雕

（木雕）　　牙雕　　　漆雕　　（竹雕）　　根雕

猜一猜：徽派竹雕还有一个常见的用途，根据下图，你觉得这个竹雕的用途是什么？

答案：笔筒

《难忘的泼水节》 从热带雨林到独特的傣族文化

查一查：热带雨林生态系统都有哪些特点呢？你可以查阅一下资料，并总结在下面。

1. 极高的生物多样性
2. 食物链和食物网复杂
3. 藤本植物繁盛
4. 常年高温多雨
5. 植被结构极为复杂
6. 全年气候变化单调

猜一猜：下面 4 个关于亚洲象的"事实"，哪些是真的，哪些是假的？

1. 亚洲象有很好的跳跃能力，能跳过中等高度的障碍物。（假）
2. 亚洲象是群居动物，它们通常会由雌性大象和幼崽们组成紧密的社区。（真）
3. 亚洲象虽然食草，但它们也食肉，经常捕食小动物和鸟类。（假）
4. 亚洲象的孕期是陆地上哺乳动物中最长的，可以达到 18 ~ 22 个月。（真）

亚洲象没有很好的跳跃能力，并且它们不食肉。

猜一猜：你知道我国的少数民族中，哪个民族的总人口数最多吗？

回族	壮族	维吾尔族	傣族	满族
（　）	（√）	（　）	（　）	（　）

填一填：说到茶马古道，中国还有一条古老文明之路"丝绸之路"。你能写出它们的区别吗？

	茶马古道	丝绸之路
起源时期	约公元 8、9 世纪，唐代	约公元前 2 世纪，汉武帝时期

续表

	茶马古道	丝绸之路
路线	茶马古道自横断山区向西连接中国西南、西北一系列贸易通道，主要有川藏线、滇藏线和陕甘线等，并向外延伸至南亚、东南亚等国。	陆上丝绸之路从长安（西安）出发，经过中亚到达中东，甚至延伸到欧洲；海上丝绸之路则从中国的东南沿海出发，通过印度洋到达中东甚至非洲东海岸。
贸易内容	主要是茶叶和马匹的交易，除此还有金银、药材、皮毛等。	除了丝绸以外，还包括了茶叶、瓷器、香料、宝石、金银、艺术品等。

猜一猜：傣族的饮食非常丰富，但下面有一道菜不属于他们的常见食物，你知道是哪一种吗？

答案：D. 馕包肉

这是新疆维吾尔族的特色饮食。

圈一圈：糯岗古寨世代盛产一种闻名中外的茶叶，你知道是哪种吗？请把你认为正确的答案圈出来。

龙井茶   碧螺春   铁观音   普洱茶   大红袍

《富饶的西沙群岛》 从海洋科学到火山的形成

填一填：中国南海的四大群岛除了西沙群岛，还有哪三个？

1. 西沙群岛

2. <u>南沙群岛</u>

3. <u>东沙群岛</u>

4. <u>中沙群岛</u>

排一排：火山的形成是一个复杂的过程，下面列举了一些关键的步骤，请你给它们排一排顺序，在每个步骤前面写上数字。

（6）火山锥的建立   （3）岩浆库的形成   （1）地幔形成对流

（4）岩浆向地表上升   （5）火山喷发   （2）岩浆的形成

想一想：船形屋是黎族的独特标志，这种房屋设计看起来很有趣，那么你觉得，如果住在这样的房子里，会有哪些好处呢？

答案：船形屋的圆拱造型利于抵抗台风的侵袭，架空的结构有防湿、防雨的作用，茅草屋面也有较好的隔热功能，并且拆建也很方便。

圈一圈：你的诗词水平如何呢？下面有两句诗或词，并不是出自苏东坡，请你圈出它们来吧。

1. 明月几时有，把酒问青天。

2. 竹外桃花三两枝，春江水暖鸭先知。

3. 春蚕到死丝方尽，蜡炬成灰泪始干。

4. 不识庐山真面目，只缘身在此山中。

5. 水光潋滟晴方好，山色空蒙雨亦奇

6. 海内存知己，天涯若比邻。

"春蚕到死丝方尽，蜡炬成灰泪始干"出自李商隐的《无题》，"海内存知己，天涯若比邻"出自王勃的《送杜少府之任蜀州》。

选一选：苏东坡在晚年写的《自题金山画像》中写道："问汝平生功业，黄州惠州儋州。"那么你知道这三个地方现在分别属于哪三个省吗？

答案：B. 湖北　广东　海南

《七月的天山》 从广袤天山到"地下长城"

圈一圈：天山山脉除了在我国境内，还横跨其他三个国家，你知道是哪三个国家吗？把你的答案圈出来吧。

（哈萨克斯坦）　　　　土库曼斯坦　　　　蒙古国　　　　俄罗斯

（吉尔吉斯斯坦）　　　尼泊尔　　　　（乌兹别克斯坦）　　　印度

选一选：天山雪豹是天山山脉上的珍稀动物，你知道它属于哪个科吗？

　　答案：B. 猫科

选一选：说到吐鲁番，《西游记》中有一段精彩的情节就发生在吐鲁番的火焰山，其中没有涉及的人物你能选出来吗？

　　答案：D. 蜘蛛精

圈一圈：自从有了陆上丝绸之路，有不少物种从西域传进中原，你知道下面哪 4 种是从西域传进来的吗？

（葡萄）　　水稻　　　核桃　　（石榴）　（苜蓿）

（苹果）　　西红柿　　马铃薯　　荞麦　　哈密瓜

填一填：中国古代有很多伟大的工程，除了坎儿井，你还知道哪些？请把你知道的填在横线上吧。

　　参考答案：1. 万里长城　　2. 京杭大运河　　3. 都江堰　　4. 秦始皇陵

连一连：你知道中国五大民族自治区的首府是哪儿吗？用线连一连吧。

新疆维吾尔自治区　　　　　　→　呼和浩特
内蒙古自治区　　　　　　　　→　南宁
广西壮族自治区　　　　　　　→　银川
宁夏回族自治区　　　　　　　→　拉萨
西藏自治区　　　　　　　　　→　乌鲁木齐

找一找：下面的乐器中，哪个不是维吾尔族的乐器？快把它找出来吧。

　　答案：1. 冬不拉

　　这是哈萨克族的一种传统弹拨乐器。

《美丽的小兴安岭》 从天然林场到中央大街的百年变迁

连一连：下面的鸟儿都叫什么名字？你来连一连吧。

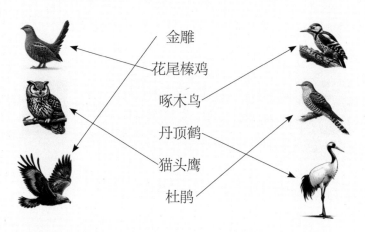

金雕

花尾榛鸡

啄木鸟

丹顶鹤

猫头鹰

杜鹃

选一选：寒冷且漫长的冬天里，东北虎会采用哪种策略来生存？

答案：C.增加皮毛和脂肪厚度来保暖。

圈一圈：说到小老虎，你知道老虎一次通常可以生几只小老虎吗？

1. 9 ~ 10 只　　　　2. 5 ~ 8 只　　　　3. 2 ~ 4 只

选一选：雪乡每年被厚厚的雪覆盖半年以上，你知道这里的雪最厚可以达到多少吗？

答案：C.两米左右

写一写：

1.**口味浓重**：东北菜的口味偏重，喜欢用酱油、醋等调味料，味道浓烈，适合寒冷的气候。

2.**主食以面食为主**：东北人爱吃面食，如小麦、玉米等制成的各种面食。

3.**烤制食品**：东北地区有独特的烤制食品，如烤肉、烤冷面等，味道独特。

4. 独特的腌制食品： 东北人喜欢腌制食品，如酸菜、泡菜等，常常作为下饭菜。

5. 以肉类为主： 东北地区气候寒冷，因此肉类食品在当地饮食中占有重要地位。

《饮湖上初晴后雨》 从西湖十景到鲁迅先生故居

连一连： 古诗词中，有很多描写西湖景色的诗句。请你试着把下面这些诗句和诗人的名字连一连，你能连对吗？

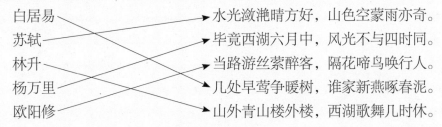

白居易　　　　　　　　　　水光潋滟晴方好，山色空蒙雨亦奇。
苏轼　　　　　　　　　　　毕竟西湖六月中，风光不与四时同。
林升　　　　　　　　　　　当路游丝萦醉客，隔花啼鸟唤行人。
杨万里　　　　　　　　　　几处早莺争暖树，谁家新燕啄春泥。
欧阳修　　　　　　　　　　山外青山楼外楼，西湖歌舞几时休。

填一填： 提到西湖的荷花，宋代诗人杨万里写的《晓出净慈寺送林子方》就提到了西湖的荷花，请把这首诗补充完整。

毕竟西湖六月中，风光不与四时同。
<u>接天莲叶无穷碧</u>，<u>映日荷花别样红</u>。

连一连： 中国是茶叶大国，茶的品种特别多。下面这些名茶都出自哪里？请你来连一连吧。

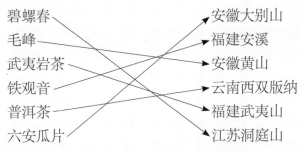

碧螺春　　　　　　　　安徽大别山
毛峰　　　　　　　　　福建安溪
武夷岩茶　　　　　　　安徽黄山
铁观音　　　　　　　　云南西双版纳
普洱茶　　　　　　　　福建武夷山
六安瓜片　　　　　　　江苏洞庭山

选一选：地球上的海洋潮汐与月球引力和太阳的引力有关。下面这 4 个选项中，哪个是正确的呢？

答案：A.月球对地球潮汐的引力大，是太阳引力的 2 倍多

月球对地球的引潮力，约是太阳对地球引潮力的 2.2 倍。

圈一圈：鲁迅是一位大文豪，除了《狂人日记》，还有很多的作品。下面这些文学作品中，哪些不是鲁迅的作品呢？

《华盖集》 　　《阿 Q 正传》 　　《四世同堂》 　　《彷徨》

《呐喊》 　　《屈原》 　　《灭亡》 　　《朝花夕拾》

猜一猜：上面提到的"进"是中国建筑中的一种名称，你知道是指什么吗？

答案：1.庭院

在中国古代民宅中，"几进"就代表这个宅子中有几个庭院。

《延安，我把你追寻》 从窑洞游学到参观秦始皇兵马俑

选一选：下面关于陕北窑洞的说法，有一个是不正确的，你能把它挑出来吗？

答案：C.陕北窑洞的屋顶通常用瓦片制成，具有很好的防雨性。

陕北窑洞的屋顶通常以土和稻草为主要材料。

选一选：秦始皇在位期间，除了修建秦始皇陵以外，还推动了哪些大的历史事件，请你在认为正确的答案下面打"√"。

张骞通西域	修建长城	焚书坑儒	黄巾起义
（　）	（√）	（√）	（　）

赤壁之战	统一度量衡	商鞅变法	
（　）	（√）	（　）	

填一填：西安被称为"十三朝古都"，那么除了唐朝，你知道西安还是哪些朝代的古都？

答案：西周、秦、西汉、新、东汉、西晋、前赵、前秦、后秦、西魏、北周、隋

连一连：中国历史上有很多著名的宫殿，你都知道是哪个朝代建造的吗？

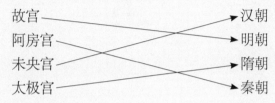

选一选：陕西有一种风味面食，因形状比较宽，俗称"裤带面"，此外它还有一个名字，你知道这两个字念什么吗？

答案：A. biáng biáng

《故宫博物院》 从故宫"寻宝"到老北京小吃

选一选：故宫经历了明清两朝，你知道这其中有多少位皇帝住过这里？

答案：C. 24 位

其中明朝有 14 位皇帝，清朝有 10 位皇帝住过这里。

选一选：说到书法，中国古代的书法家众多，其中有四位著名的楷书书法家，你知道是哪四位吗？

答案：A. 欧阳询、颜真卿、柳公权、赵孟頫

中国古代"楷书四大家"分别是：唐朝欧阳询（欧体）、唐朝颜真卿（颜体）、唐朝柳公权（柳体）、元代赵孟頫（fǔ）。

连一连：长城是中国的地标性建筑，那么你知道其他国家的地标性建筑是什么吗？试着连一连。

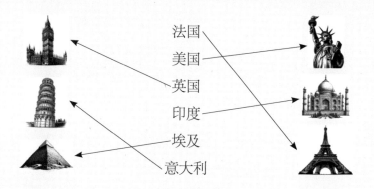

填一填：中国古代有很多和长城有关的诗词，比如下面的诗句，你能帮着填完整吗？

秦时明月汉时关，<u>万里长征人未还</u>。

<u>劝君更尽一杯酒</u>，西出阳关无故人。

羌笛何须怨杨柳，<u>春风不度玉门关</u>。

猜一猜：封禅也是中国帝王祭祀天地的大型典礼，宋朝之前的帝王会选择他们认为离天近的高山上举行。你知道他们选择次数最多进行封禅的山是哪座山吗？

答案：B. 泰山

连一连：京剧中人物脸谱颜色有很多，不同的颜色代表着不同的人物性格，也各有着代表人物。下面你就来连一连吧。

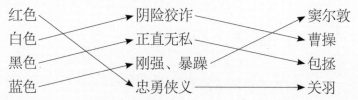

圈一圈：除了小吃，北京也有很多特色菜。下面这些菜品当中，哪几个不是北京特色菜呢？请你圈出来吧。

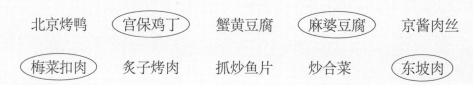